歴史家と噺家の城歩き

戦国大名武田氏を訪ねて

中井 均
春風亭昇太
齋藤慎一

まえがき

太田金山城のイベントの時だった。関東では珍しい石垣造りの城である太田金山城について、今回の中井均先生、齋藤慎一先生とぼくとで、あーだこーだと語り合い楽屋に戻った時に、中井先生から「これ、おもしろいから本にしませんか…」という提案があり、トーク後で少し興奮していたのか「いいですねー」なんて話になった。

あれよあれよ、という間に具体的な話になって今回の出版へと行き着いたのだが、高志書院からは中井先生と齋藤先生で『歴史家の城歩き』という本が出版されているので、そこに乗っかる形になって申し訳ない気にもなった。それでもヤル気になったのは、基本仕事は断らないようにしているのと、何しろおもしろそうな話だったからだ。

中井均・齋藤慎一という城郭研究の最前線にいる先生お二人とお城を観に行けて、それが本になるなんて、城マニアとしては最高の喜びだし、お城の本も何年も前に『城歩きのススメ』という本を出版したが、あれはぼくが大好きなお城、特に中世城郭を、城に全く興味のない人たちに、その楽しさを知ってもらおうと、落語家としての立場から、なるべく読みやすく、簡単にわかるように書いたもので、それとは全く違うアプローチの本になるのは確実であろうと思ったからだ。

かくして取材先も山梨県と決まり、城見学が始まったが……、案の定おもしろかった。縄張り図を手掛かりに、現場検証の中で縄張り図では浮かんでこなかった城の形や、縄張りの意味、時代、製作者を紐解くという作業は非常に興味深くて楽しい時間だった。

ぼくの勝手な推論や妄想を、二人の城研究の第一人者の前でしゃべるのはおこがましいし、城好きの人たちからは春風亭昇太は要らないんじゃないのと思われるかもしれないが、この本にぼくのような素人が入っているってことにも、多少の意味もあるとも思っている。「今この時代の城好きは幸いである…」ぼくはそう思っている。それはお城、特に中世城郭が研究対象として注目されたのは最近の話で、城郭研究は黎明期だからだ。実際、最近は定説だと思われていた事柄が発掘調査などで覆されたり、新しい発見があったりなんてことばかり。

だからこそ、素人も研究者と一緒に意見を交わせることができるわけで、そんな今が城好きにとって幸せなのだと思う。何年も経って、もっと研究が進んだら、城好きが、何か発しても「あー、それ君ねー、違うよ」と鼻で笑われて終わってしまうだろう。

この本で言っていることも、時が経ったら覆されるかもしれないが、そんなことも承知の上。この本が、さらに深く城を楽しもうという人たちに、ほどよい参考や刺激になれたらありがたいと思います。

では、城が好きで好きでたまらないオジサンたちのお城旅行に一緒にお付き合い下さい。

春風亭昇太

目次

まえがき

1章 躑躅ヶ崎《つつじがさき》 国主たるものの佇まい……9

躑躅ヶ崎の大手は大手ではない／主郭の土橋と土塁の石垣はいつの時代だ？／躑躅ヶ崎の大手は西曲輪にあり！／石垣の積み方で時代を読む／最大の見どころ！主郭の石垣／二門形式の枡形は武田を踏襲／発掘現場を見学。味噌曲輪で石列がみつかった／ナゾだらけの北の郭群／大馬出の中の小馬出は珍しい／馬出の来歴をさぐる／武田時代の躑躅ヶ崎／躑躅ヶ崎の移り変わり／豊臣時代の躑躅ヶ崎

2章 要害山《ようがいさん》 力を誇示する仕かけ……45

武田滅亡後の大改修／守護家には根小屋・詰城のセット関係がない／武田時代の虎口とルートの付替え／武田時代の石垣と枡形の増設／ここは倭城か但馬竹田城か／隠し郭と足場用の帯郭／主郭は武田時代／竪堀に石垣を組むって？？／竪堀に石垣を組むって？　再び／荒々しい石垣を垂直に積むのは武田氏／武田時代の

要害山／竪堀に石垣を築かせたのは誰だ！／要害山の選地は温泉？／勝頼はなぜ要害山をあきらめたか！／要害山を改修したのは誰だ！／要害山の改修目的はなんだ！／要害山のあゆみ

3章　白山城《はくさんじょう》　城造りの巧みさに惑う……97

搦手か大手か／テクニシャンが造った虎口／堀切・竪堀・帯郭の効用／馬出と主郭をどう結ぶか！／不完全な馬出に匠の技／馬出の中に内枡形って何？／内枡形の見方がポイント／土塁と竪堀を組み合わせた虎口／かけ橋を渡すための帯状のテラス／白山城はいつ造ったか？／ナゾだらけのルート造り／白山城に改修はあったか？

4章　新《しん》　府《ぷ》　由緒を尊ぶ未完の名城……125

能見城の巨大な横堀／能見城の土塁がこみの郭／能見城の巨大な竪堀／新府の巨大な横堀と出構／北の玄関　枡形門／不思議な橋脚台から本丸へ／本丸の不思議な虎口／未完成な造り／南北を直結する腰郭と枡形の配置／三日月堀／新たな府を造るから「新府」

図版出典一覧　*150*

あとがき　*153*

本書の主な登場人物

武田信虎（たけだ のぶとら）　1498 年生～ 1574 年没
　永正 16 年（1519）：躑躅ヶ崎に本拠を移す（高白斎記）
　　　　　　　　　以前は川田館（石和市）と伝える
　永正 17 年（1520）：要害山を築城（高白斎記）
　天文 10 年（1541）：晴信（信玄）により甲斐国を追放される

武田信玄（たけだ しんげん）　1521 年生～ 1573 年没
　天文 10 年（1541）：父信虎を追放して甲斐の国主となる
　天文 20 年（1551）：躑躅ヶ崎に「西ノ御座」を新たに造る（高白斎記）

武田勝頼（たけだ かつより）　1546 年生～ 1582 年没
　天正 4 年（1576）：要害山の普請を命じる（武田家朱印状）
　天正 9 年（1581）：新府に移転
　天正 10 年（1582）3 月：3 日，勝頼，新府を焼き，11 日に天目山で自害

〈武田家滅亡〉

河尻秀隆（かわじり ひでたか）　1527 年生～ 1582 年没
　天正 10 年（1582）3 月：織田家臣の河尻氏が甲斐に入る。6 月，本能寺の変で退去

平岩親吉（ひらいわ ちかよし）　1542 年生～ 1612 年没
　天正 10 年 6 月：徳川家臣の平岩氏が甲斐に入る。徳川は甲斐領有を狙う

〈天正壬午の乱〉　徳川氏と北条氏の甲斐をめぐる争い

　天正 10 年 8 月：6 日，北条氏が甲斐若神子着陣，8 日，家康新府に着陣
　天正 10 年 10 月：徳川・北条氏の和睦　甲斐は徳川領に確定

〈徳川氏転封〉　小田原合戦後，甲斐は豊臣領に

豊臣秀勝（とよとみ ひでかつ）　1569 年生～ 1592 年没
　天正 18 年（1590）11 月：豊臣秀勝が甲斐に転封
　天正 19 年（1591）3 月：美濃に国替え

加藤光泰（かとう みつやす）　1537 年生～ 1593 年没
　天正 19 年（1591）：秀勝に代わって豊臣家臣の加藤氏が入る

浅野長吉（あさの ながよし）　1547 年生～ 1611 年没
　文禄 2 年（1593）：加藤氏死去の後，豊臣家臣の浅野氏が入る

〈甲府城移転〉　慶長初頭頃か

『高白斎記』は，信虎・信玄の家臣，駒井政武（のち高白斎）が書き残したとされる記録。明応 7 年（1498）から天文 22 年（1553）まで記され，原本や成立事情などは不明だが，内容の信憑性は高く評価されている。

1章

躑躅《つつじ》ヶ崎《がさき》 国主たるものの佇まい

躑躅ヶ崎でのひとコマ（2018.4.16）
左から中井均氏、齋藤慎一氏、春風亭昇太師匠

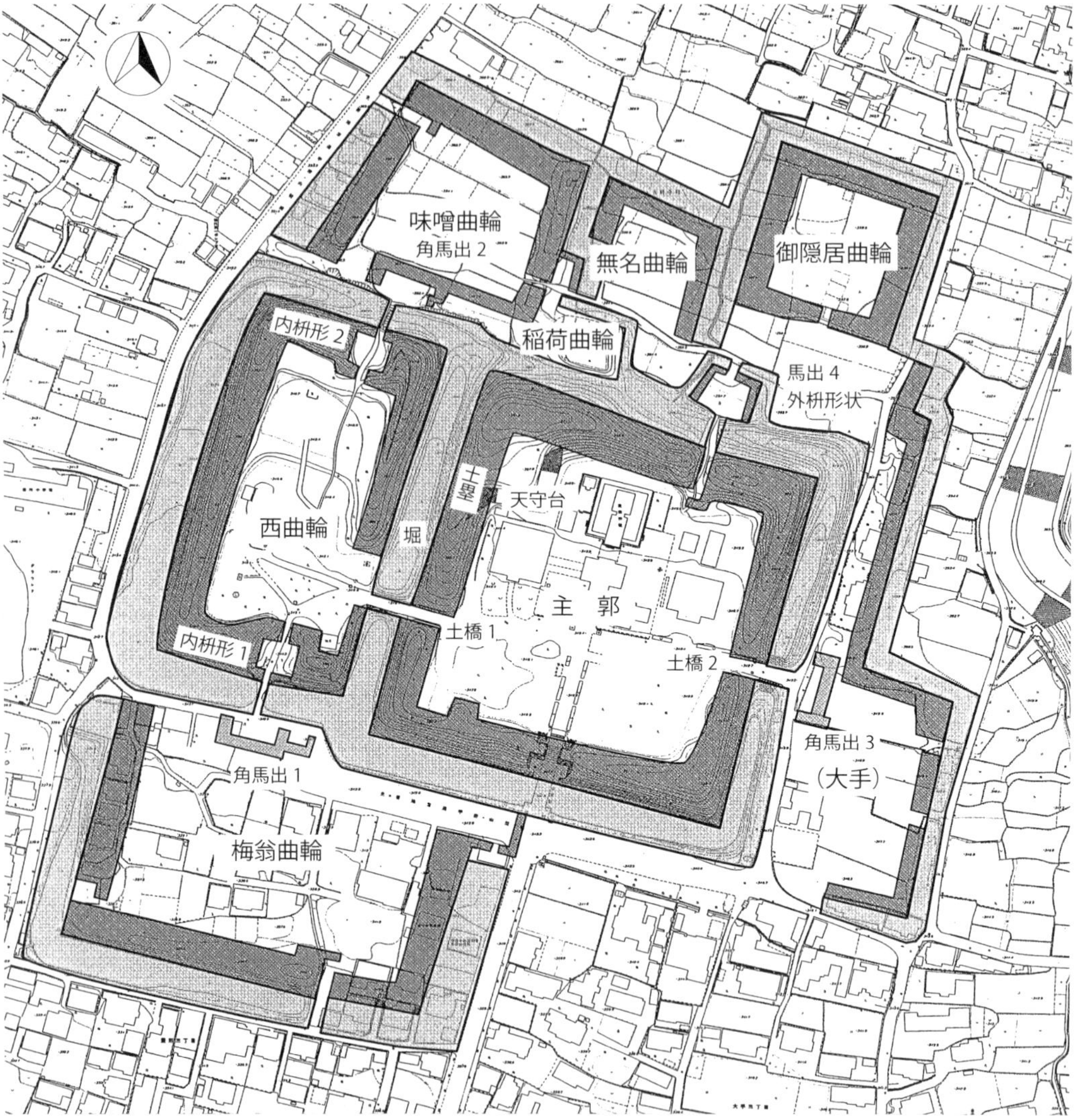

①躑躅ヶ崎の縄張り図（現武田神社）

昇太　中井さん、良いの着てますね。
斎藤　おっ、考古学研究室のネーム入り。
中井　でも悪いことができんよ。（笑）師匠は困るでしょ、ふだん出かけるとき。
昇太　ぼくはメガネを外していると、ほぼわからないみたいですよ。でも最近、メガネを外す仕事が増えてきて……
中井　面が割れてきましたか。（笑）
昇太　ちょっとバレてくるなって感じはしてるんですけど、いまんとこ大丈夫ですよ。そんなことより、今回は、楽しみだなぁ〜。
斎藤　整備がすんでいるところから行きますか。

躑躅ヶ崎の大手は大手ではない

昇太　うわぁー、きれいに整備したなぁ。
中井　この角馬出《かくうまだし》3（②）の下から発掘で丸馬出《まるうまだし》がみつかったんですね。復元の石垣は織豊《しょくほう》期*でしょ。（織豊期：武田滅亡後の織田→徳川→豊臣の統治時代）
斎藤　石垣の組み方からすると織豊期でしょうね。
昇太　図には「大手」とあるけど、武田氏の頃から使っていた大手なんですか？
中井　そこですよ。躑躅ヶ崎は一番高いところにあるのに（③）、なんで大手が南じゃなくて、東なのって、まずありますね。
斎藤　甲府城との関係もあると思うけど、今は甲府駅を降りて北にまっすぐ来るので、南

【躑躅ヶ崎（現：武田神社）】
〈所在地〉甲府市古府中町・屋形三丁目・大手町三丁目地内
〈アクセス〉ＪＲ中央本線甲府駅下車、山梨交通バス「武田神社前」下車。徒歩二分

復元の石垣は織豊期でしょ
きれいに整備したなぁ
②整備された角馬出3

を大手筋だと思っているわけです。けど、甲府城のない時代に「メインストリートはどこなの？」というところから、考えないといけないんだよね。

昇太　東の方は、もうすぐそこが山じゃないですか(④)。

中井　この山裾を伝《つた》って行くわけ？　それともいったん南に降りるの？　むかしから大手の場所はすごく気になってて……

齋藤　ぼくは絶対に東は大手じゃないと思う。現状の構造から見ると、これは搦手《からめて》のはず

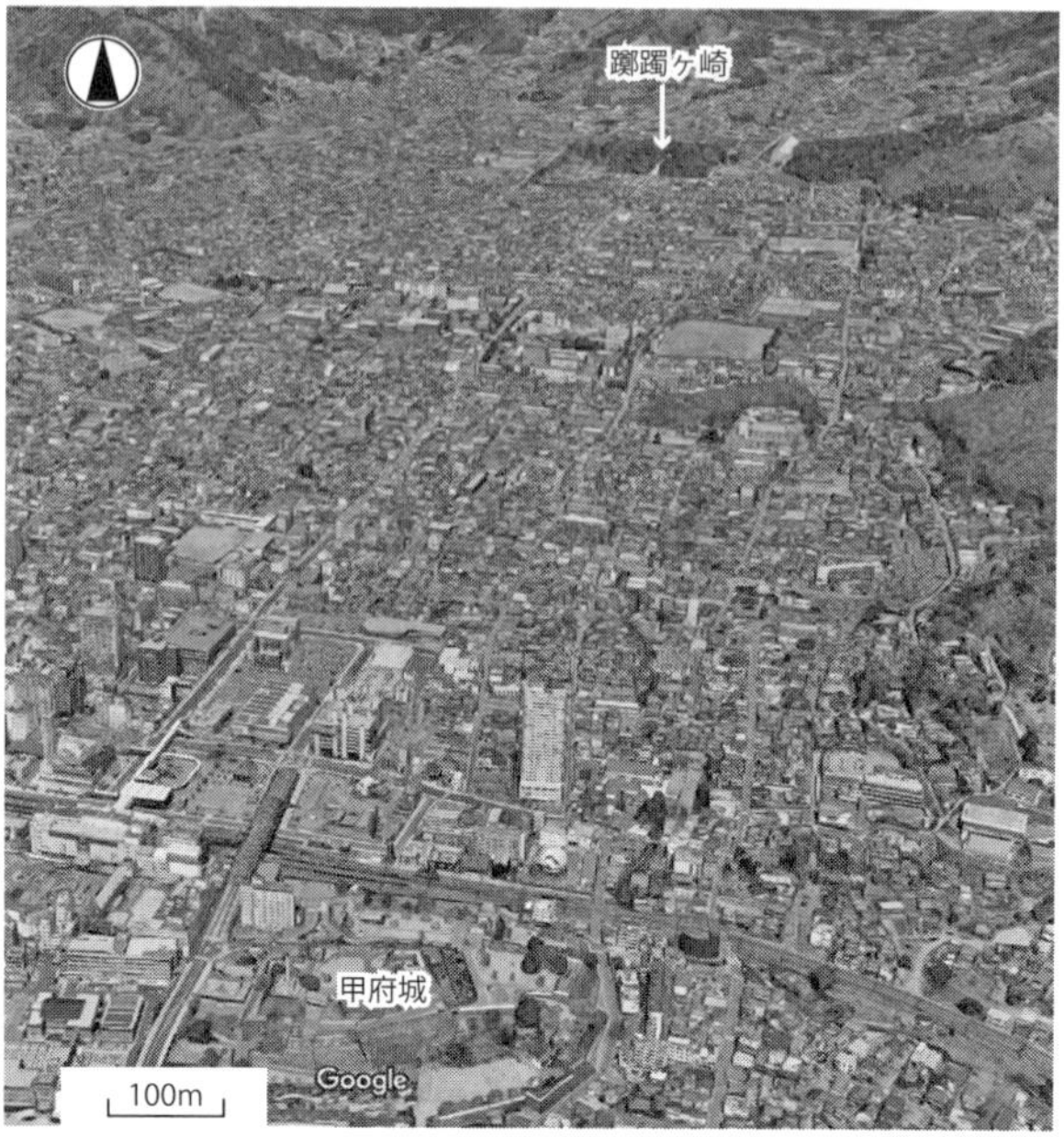

③躑躅ヶ崎と甲府城の位置関係　北に向かって坂になる

④躑躅ヶ崎の復元された角馬出3。奥に見える東側はすぐ山

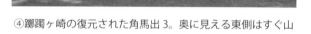

です。

中井　そうですね。角馬出3を囲む巨大な馬出状の郭《くるわ》も微妙にズレとるし（図①参照）。

斎藤　この大きな郭は、南側を開放しているでしょ。大手とするにはこれも気になる。

中井　この虎口《こぐち》を大手だと言い始めたのは誰ですの？

斎藤　必ずしも明らかではないんですが、小字《こあざ》などの地名によるようですね。

昇太　なんだぁ、そうなんだ。

中井　ところで、角馬出3の下からみつかった丸馬出（三日月堀《みかづきぼり》）は小さいじゃないですか（⑤）。武田の三日月堀って小さいんじゃないですか？

斎藤　まあ、もうちょっと歩きましょうよ。（一同爆笑）

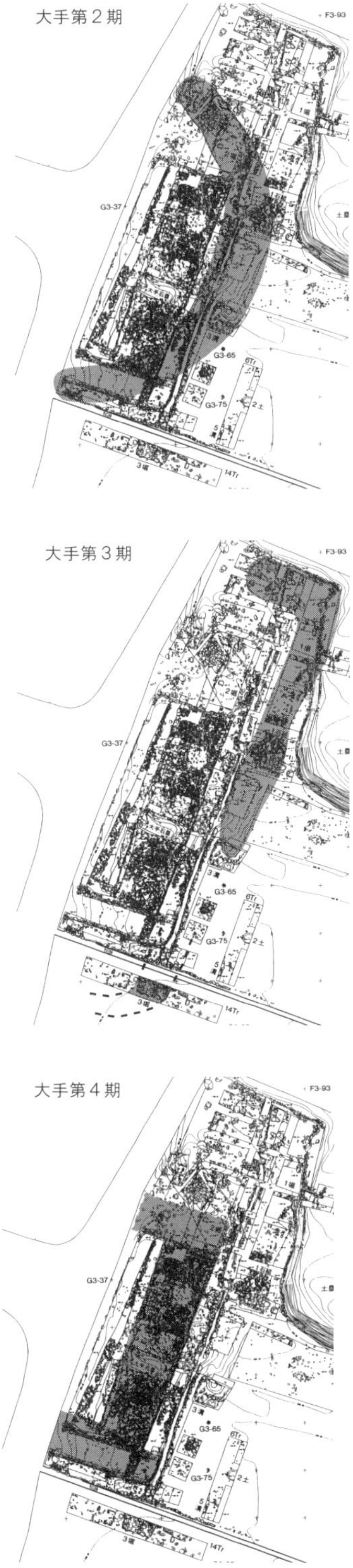

⑤発掘された馬出の変遷図。大手第2期（武田の時代）が丸馬出で武田滅亡後に角馬出へ改修されていく様子がよくわかる

主郭の土橋と土塁の石垣はいつの時代だ？

齋藤 主郭の土橋《どはし》2には石垣⑥があるんですよ。

中井 セットバック*した石垣やね。いつの時代とみるか？

（セットバックした石垣：下から上に向けて後ろにずらしながら階段状に積む工法）

昇太 新しいと思ったけど、そうでもない？

中井 武田でもいい？

齋藤 武田は無理でしょう。躑躅ヶ崎がいつまで使われていたのかによるけど、甲府城にいつ移ったのかも、はっきりしていないんです。甲府城は鷹《たか》の羽《は》の家紋瓦《かもんがわら》が出土しているから、浅野《あさの》氏以降（文禄《ぶんろく》二年：一五九三以降）であることは間違いないけど、甲府城の解説ではもっと前からにしたい、ということだね。

昇太 古くしたい。（一同爆笑）

齋藤 武田滅亡後の加藤氏の段階（天正《てんしょう》一九年〈一五九一〉～文禄二年〈一五九三〉）で石垣を築いたという記録があるんですよ（『北藤録《ほくとうろく》』所収絵図*）。まあ武田ではないでしょう。

［絵図参考文献：数野雅彦「武田氏館跡の調査成果—居館から連郭式城郭への変遷を中心に—」『新府城と武田勝頼』新人物往来社、二〇〇一年］。

中井 土塁の裾の石垣⑦も、土橋の下にある石と同じでしょ。円礫《えんれき》っていうのかな、ぜんぜん削っていない石なので、躑躅ヶ崎にあるのは加工しにくい石なんだね。

齋藤 そうだね。裏込《うらご》め石⑧は、これだけ粒《つぶ》が大きいから、新しい感じがするね。

セットバックした
石垣やね
いつの時代とみるか？
石垣
石垣
⑥土橋2の石垣

土塁の裾の石垣は
ぜんぜん削って
いない石なんだね
⑦主郭土塁の石垣

——へぇ〜、裏込め石の大きさで時代がわかるんだ。

中井　戦国時代だと裏込め石すら入れずに、直接石を積み上げるけど、その後は河原石《かわらいし》などの小さな礫《れき》を少し入れて裏込め石にするね。織豊期になると、石垣の石材を加工するときにできる剝片《はくへん》など、人頭大《じんとうだい》くらいの大きさの石を大量に使うように変わるね。そうなると高い石垣が築けるようになるんです。

昇太　なるほど。なるほど。で、この主郭《しゅかく》はデカい土塁にかこまれてますけど、この土塁も武田ではない？

齋藤　この土塁⑨は武田滅亡後の改修でしょう。主郭は南の方を少し発掘していて、かなり深いところから、庭らしい遺構が出てますね。

中井　それは武田の時代ですね。

齋藤　確かそうだと思ったな。発掘現場を見に行ったけど、よくわかんなかった。躑躅ヶ崎はとにかく盛土がすごいんですよ。とくに南側はね。盛土の下に武田時代の遺構があるので、調査するのは大変らしいですよ。

中井　深いと調査するのはシンドイね。

昇太　主郭にある天守台《てんしゅだい》、見たいなぁ。（聖域のため立入禁止）

躑躅ヶ崎の大手は西曲輪にあり！

齋藤　西曲輪《にしくるわ》から主郭に向かう土橋1には石の列⑩があるでしょ。たぶん石段だと思う。躑躅ヶ崎では、このロケーションが一番、象徴的だと思うのです。主郭に対してだんだん

裏込め石は、これだけ粒が大きいから、新しい感じがするね
⑧主郭土塁の裏込め石

土塁
この土塁は武田滅亡後の改修でしょう
⑨主郭の大きな土塁

と上がっていくように作っていて、そのときに見えるのが主郭の両側にある大きな壁ですよ。しかもこれだけの堀幅(⑪)がある。

昇太　西曲輪が大手ってことですね。

齋藤　そうです。図⑫のように城の西の方向から西曲輪に道をぶつけて、両脇に開かせて、両側の馬出から西曲輪の中に入れる。これが一番、防御性も高いし、政治的な権威を見せるようなルートでもあると思うんだ。図は北を上にして見てしまうけど、西曲輪を下にすればわかりやすい。

中井　西曲輪が正面ね。こうやって図⑫を見ると、まさに聚楽第《じゅらくてい》*(⑬)。

(聚楽第：豊臣秀吉《とよとみひでよし》が築いた政庁。天正一五年〈一五八七〉完成)

齋藤　ぼくもそうだと思います。前の対談でも話題にしたけど(『歴史家の城歩き』高志書院)、甲府の迅速測《じんそくそく》図*には、躑躅ヶ崎の西側にぼんやりと街路が見えるんです。江戸時代の古図《こず》では南側に城下町を描くけど、それ以前は西に向けて町を作ったんじゃないのかな。

(迅速測図：明治初期から中期にかけて陸軍参謀本部が作った地図)

中井　甲府市の城下町も発掘しとるよね。中世の町の痕跡は南側にあるの？

齋藤　南側を集中して掘って町を復元してますけど、町には広がりがありますからね。城下町の復元案も南を正面に考えているようだけど、躑躅ヶ崎の縄張《なわば》りをみると、南に正面を持っていけるかな？

中井　そうですね。西だと思いますわ。

齋藤　西を意識しているから、このプランになっていると思うのです。

⑩西曲輪から主郭に向かう土橋１

⑪土橋１から堀をのぞむ　右が大きな壁

昇太　うんうん。

齋藤　広島城の二の丸に相当するのが西曲輪ですからね⑬。

中井　そうなんです。ホンマに聚楽第タイプなんですよ。図を西正面にしてみると、聚楽第とか広島城・高岡城⑬と同じですよ。

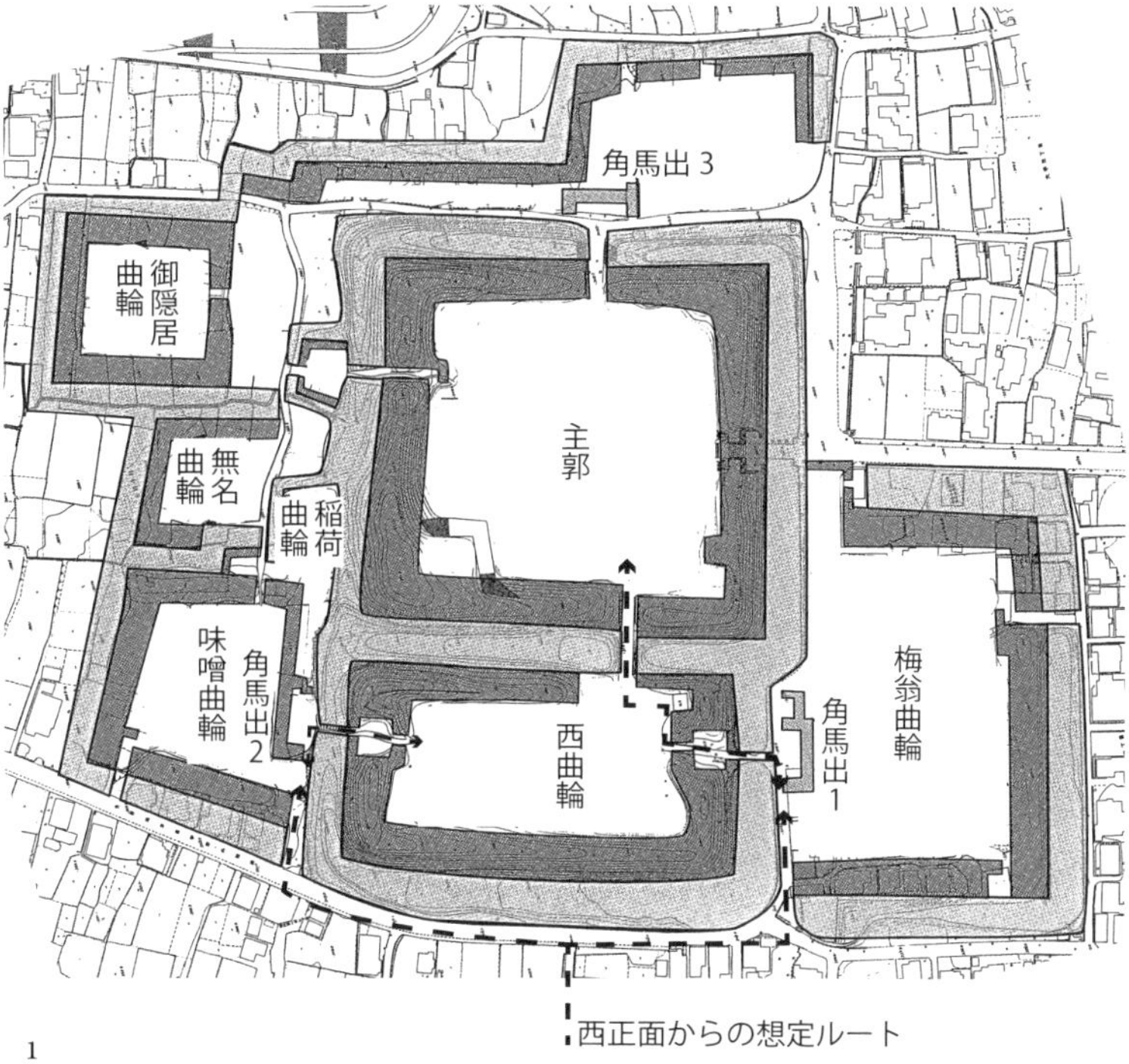

⑫西曲輪を正面にした躑躅ヶ崎の縄張り

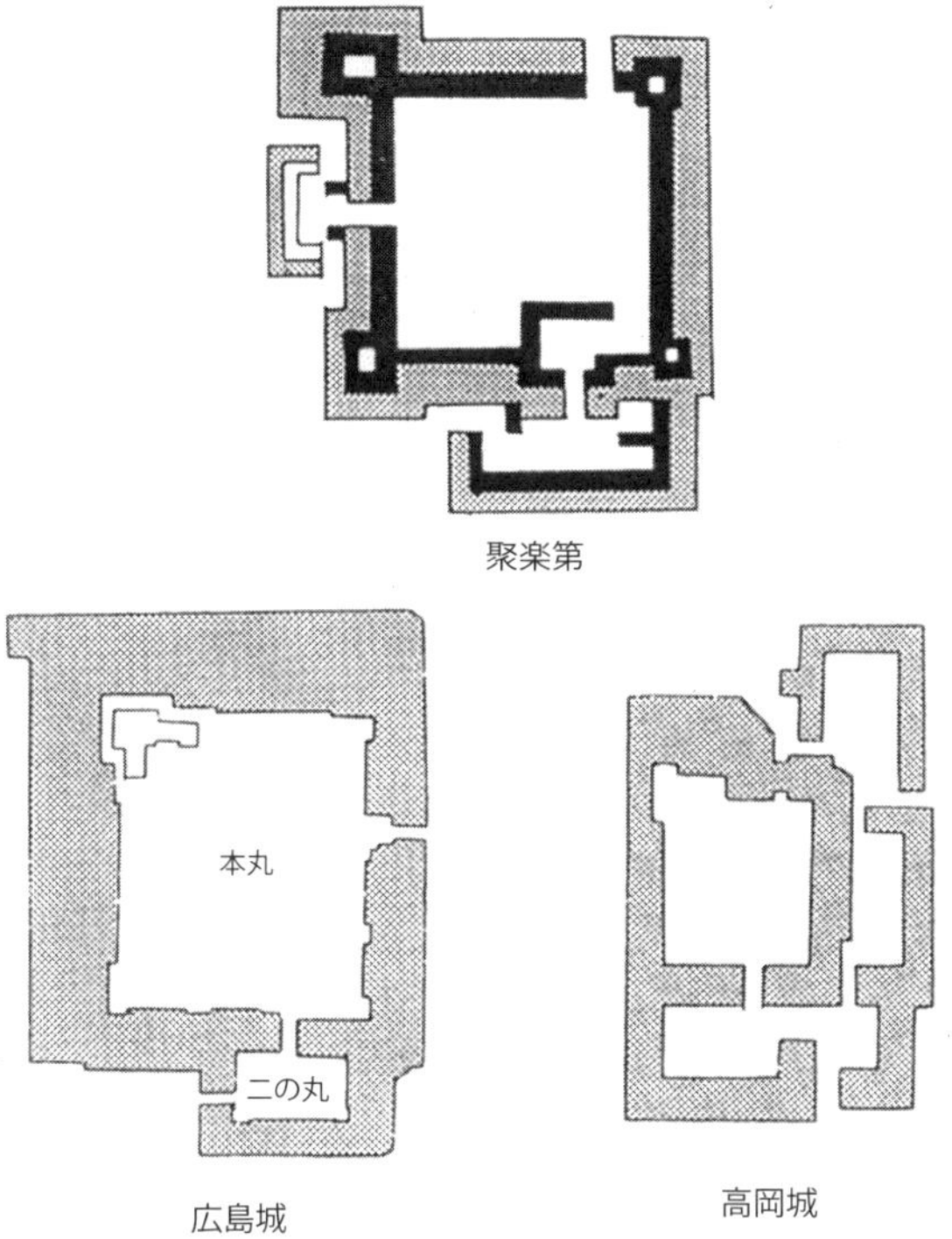

⑬聚楽第タイプの縄張り（作図：中井均）

昇太　うん、高岡ですよ！　主郭を守るという意味で理にかなっているのは、西正面の方向ですよね。やっぱり。

中井　そうなんですよ。西曲輪に対して、重ね馬出で梅翁曲輪《ばいおうくるわ》と味噌曲輪《みそくるわ》が付くというタイプですから。

齋藤　そうでしょ。西から見て東を天に設計されているな、という印象があるんです。

昇太　西曲輪は武田の時代にもあったんですか？

齋藤　そう言われているね。武田信玄《しんげん》の長男義信《よしのぶ》が結婚するとき(天文《てんぶん》二〇年：一五五一)、新しい郭を作ったという記録(高白斎記《こうはくさいき》)があるから、この西曲輪に義信が住んだとされているのです。

石垣の積み方で時代を読む

昇太　西曲輪の南北にある二つの枡形《ますがた》の虎口(⑭)は、武田の時代ですか？

齋藤　石垣を使っている現状は、武田滅亡後の改修だね。

中井　この枡形1にある石は、鏡石《かがみいし》っぽいな(⑮)。

昇太　そうですね、すごい立派な！　見せてますもんね。

齋藤　鏡石っぽいんだけど、隅《すみ》の作り方は古手でしょ。

中井　竪石《たていし》を置いてね。

齋藤　算木積《さんぎづ》みではないけど、裏込め石もしっかり入っているからね。

——　算木積みって？

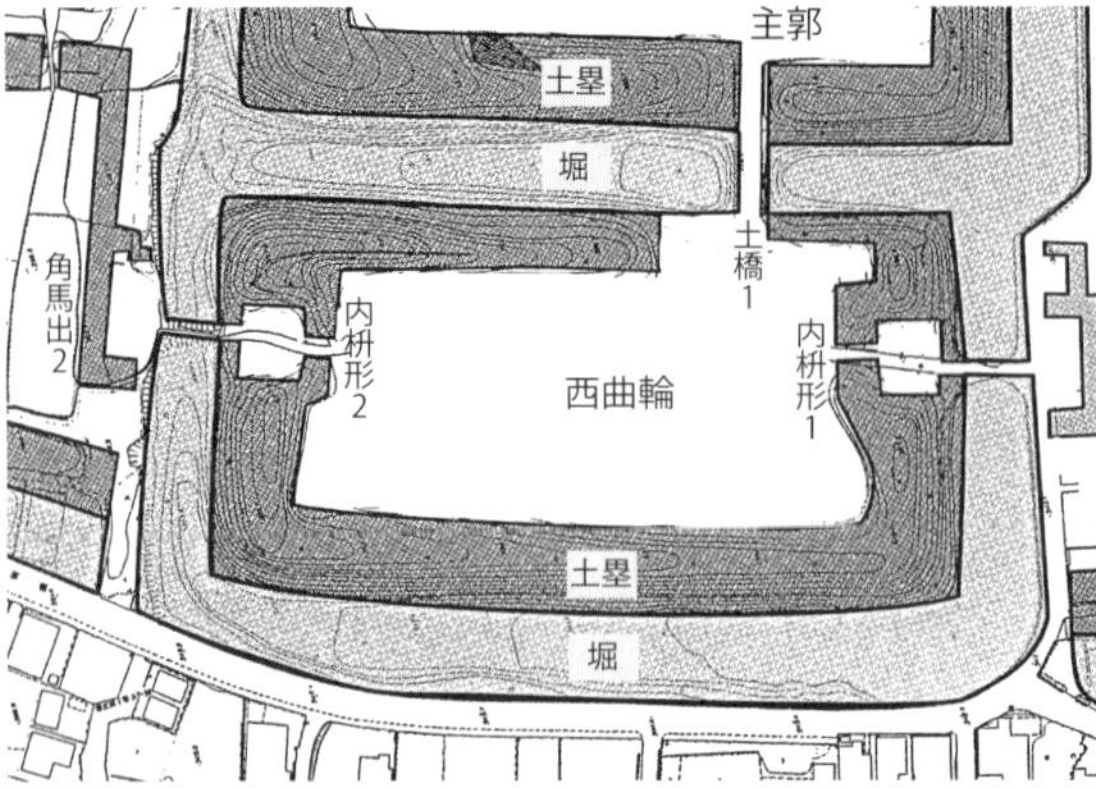

⑭西曲輪の拡大図

中井　指を交互に組んだような積み方で、石垣の出隅《でずみ》部分＊で使われるね。ようは隅石《すみいし》を長辺と短辺と交互に積み上げる工法で、近世城郭の石垣の隅はすべてこの算木積みです。

（出隅：二つの壁が出合う角の出ばった部分。二つの壁が出合う内側を入隅《いりすみ》という）

―　なんでそんなことするの？

中井　石垣の強度があがるんです。石を積むだけだと崩れてしまうでしょ。熊本大震災でも熊本城の石垣で崩れずに残った隅の部分があるじゃないですか。「一本石だ」と言っているところ。あれが算木積みですよ。強いでしょ。

―　たしかに、強いね。で、戦国時代にも算木積みはある？

中井　ないよ。算木積みは戦国時代の石垣にはなくて、天正四年（一五七六）に織田信長《おだのぶなが》によって築かれた安土城《あづちじょう》の石垣で採用されるんです。なので算木積みの石垣は、織豊系《しょくほうけい》城郭《じょうかく》の出現とともに登場した技術だと考えられているんです。

―　なるほど。算木積みの石垣があれば、戦国時代ではない証拠なるね。

中井　そうなりますな。まあでも但馬《たじま》竹田《たけだ》城（兵庫県）は文禄年間（一五九二～一五九五年）くらいで竪石を使った石垣にしているから、躑躅ヶ崎の枡形1の石垣⑯も武田滅亡後の天正一一年（一五八三）以降だったらいいんじゃない。

齋藤　そういうことですね。天正一一年以前といわれると、ちょっと違うなって感じ。

中井　武田はシンドイね。

齋藤　慶長《けいちょう》（一五九六年～）には躑躅ヶ崎から甲府城に移っているんで、この石垣は一五八二年から一五九〇年代後半までの、およそ二〇年弱のあいだになるね。

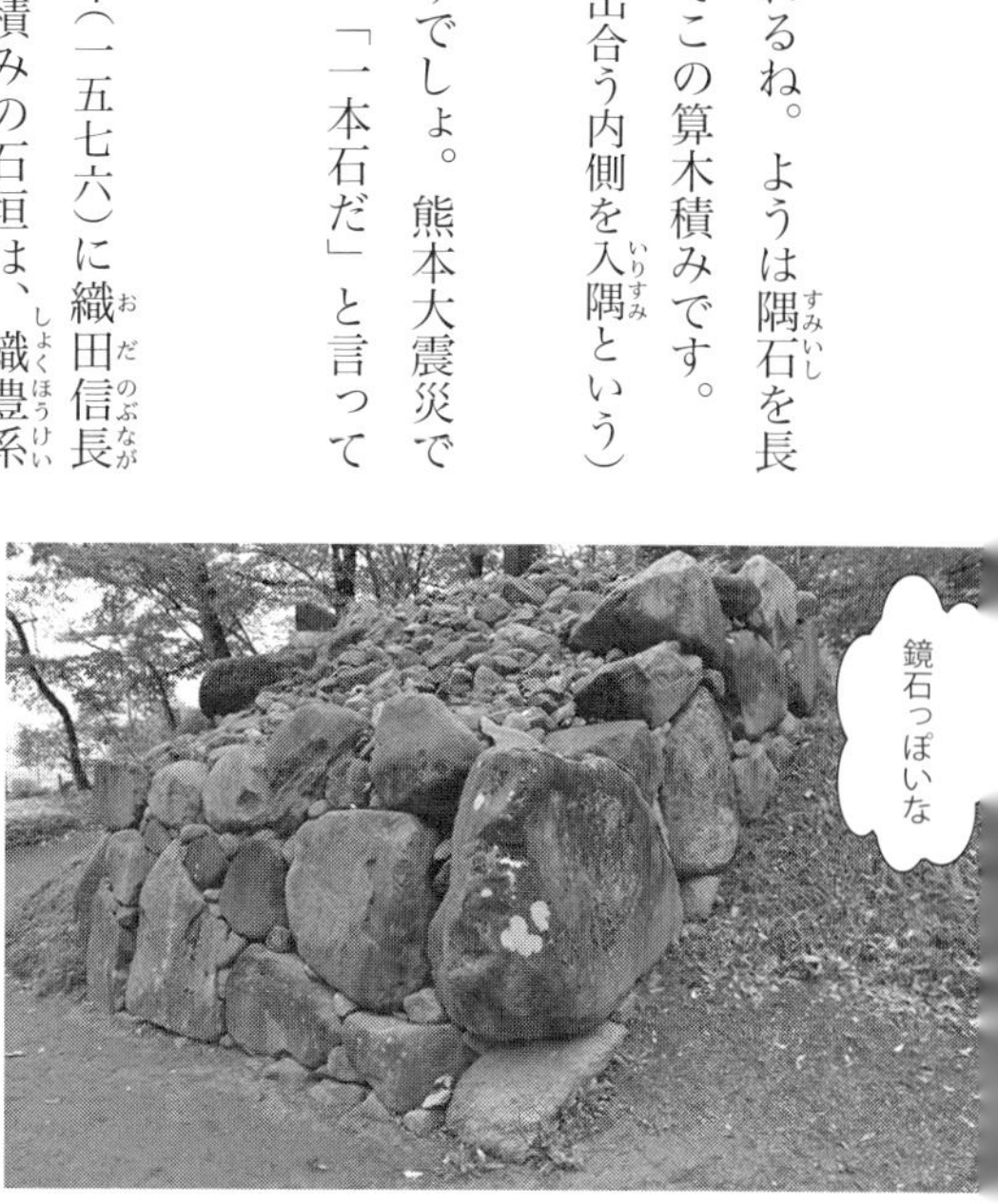

⑮内枡形１の石垣　裏込め石もしっかり入る

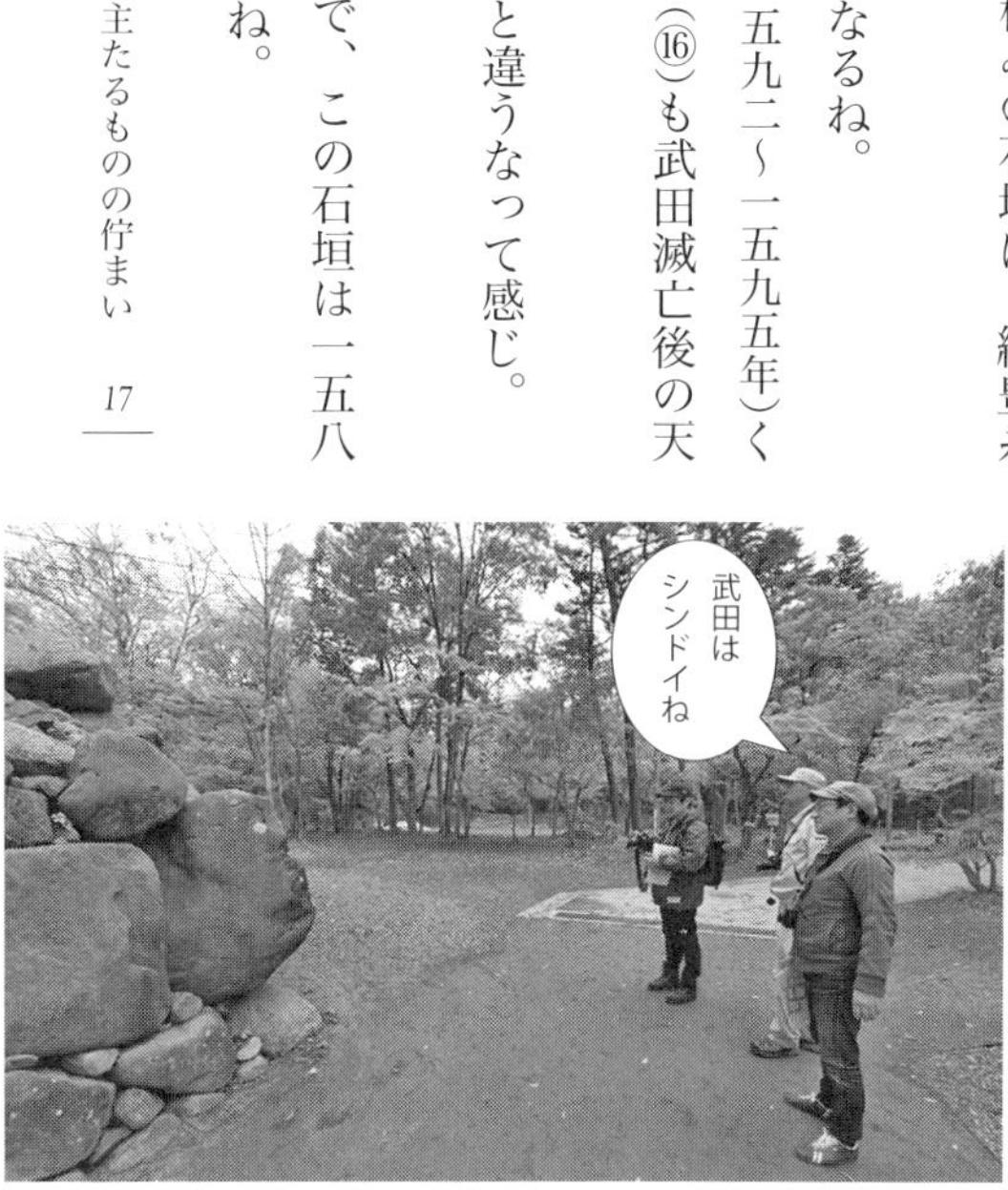

⑯内枡形１の石垣　竪石を使う

中井　そうね。しかしなんだろうねぇ、この隅角《すみかど》の作り方は。作ればいいやって感じだね。

齋藤　いい加減だよね⑰。

昇太　なんて中途半端なって思うけど。

齋藤　出入口のまわりにだけ、石を積んでいるのはね。

昇太　全国各地で古いお城を石垣で作ろうとしますよね。そうすると、技術者がどのくらいの数いたのかと、いつも思うんです。人数的にちょっと足りないんじゃないかなと。

　高い技術をもった人たちが作るとは限らないから、それまで積んでいた人たちが「こんな感じでやって」と指示されて、「こういう感じですか?」みたいなことがあったんじゃないのかな。石の組み方がいい加減にみえるのも、そのせいかなって。

中井　おそらく石工《いしく》は各地にいたんですよ。たとえば五輪塔《ごりんとう》を作っていた連中が石を加工する側から積む側になっていくんだろうと思う。天正から文禄くらいまでは、さまざまな積み方が全国各地にあって、慶長期になると、切石《きりいし》*を使って、目地《めじ》もきれいに通った豊臣期らしい積み方になっていくのだろうとは思いますね。

（切石：四角くに加工された石。積み上げても隙間がなく、石の継ぎ目＝目地も整う）

齋藤　地域の石工さんたちが集められているんです。天正一八年の小田原合戦のときには、石垣山城《いしがきやまじょう》（小田原市）に穴太衆《あのうしゅう》が京都から入ってくるという古文書（『豊臣秀吉文書集』四・三〇八）があるんです。穴太衆三五人の帰国を手配している文書です。石工集団の棟梁《とうりょう》として穴太衆がやってきて、地元の集団の石工を使って指導して、石を組んでいるというのが、天正の末から文禄頃の状況じゃないですかね。

⑰内枡形１の出入口だけに石垣

⑱内枡形１の石垣を全体で

昇太　技術指導でやってきた人たちの指示があって、それが地元に伝わっていく。
中井　そうそう、躑躅ヶ崎の石は硬くて加工ができないので、自然石のままなのだろうけど、両隅に竪石を置いたり、真ん中に大きい石を据えるのは、但馬竹田城と同じ積み方です。
齋藤　しかも平べったい石を正面に向けて使う。
中井　甲府になかった石の積み方が使われたんでしょうね。地元の人たちにしたら、「すごい」って思うんだろうね。
昇太　そうでしょう。きっと。

最大の見どころ！　主郭の石垣

中井　主郭をかこむ堀と土塁はデカいねぇ〜。
齋藤　武田滅亡後から甲府城に移るまでの仕事だね。
中井　平岩《ひらいわ》・羽柴《はしば》・加藤・浅野のどこかだね。ところで、西曲輪の中はかなり段差⑲になっているけど、生きている*んですね。
（生きている：作られた当初のまま、近世以降の改変がないという意味で業界人は使う）
齋藤　生きているでしょう。もともと斜面地だったところを造成しているからね。斜面を平たくするから段がつくんだね。
昇太　いやぁしかし、見やすくなったな。うわー、すげーな！　西曲輪からながめる主郭の堀⑳。これは見事です！

⑲西曲輪の中の段差がわかる

⑳主郭と西曲輪を分かつ大きな堀

中井　関西人は、このロケーションに感動するね。

昇太　堀と土塁の高低差はすさまじいですね。主郭のところに石垣が見えますね(21)。

中井　天守台《てんしゅだい》だもん。

昇太　あれが天守台ですか！　堀の壁にも石を積んでいるのが見えますよ(22)。堀の壁に石垣が貼ってあったとすると、まわりの壁にも石垣があったということですか？

中井　そうでしょう。下に転がっている石は崩落かもしれない。壁の中段から上を鉢巻状《はちまきじょう》に石を貼っていたのでしょう。主郭の隅にある天守台を守るような感じで。

昇太　そうか！　鉢巻石垣ね。

中井　どのあたりまで貼っていたのかわからんけど、隅角は石垣だったんじゃないですか。下の方にも点々と石が落ちているのは石材でしょう。

昇太　石の落ち具合からみて、隅だけってことですか。でも北の方にまわると、どうだろう？　うわぁっーー！　落ちた感じはないですよ！　しっかり積んでいる。

齋藤　堀底《ほりぞこ》に近いところは、石垣がよく残ってるね。

昇太　腰巻《こしまき》と鉢巻か！　なるほど、なるほど。堀底の方は石を積んでいたのが完全に残っていますね(23)。すごい、すごい。腰巻・鉢巻だぁーー！

齋藤　よく残っているのは、この部分だけだね。石の面がよく見えている。

昇太　石垣は北側がよく残ってますね。

齋藤　南側はあまり残ってなかったね。甲府城に持って行ったんじゃない？

昇太　そうか！　これだけの面積に石があれば、けっこうな量になりますもんね。そう

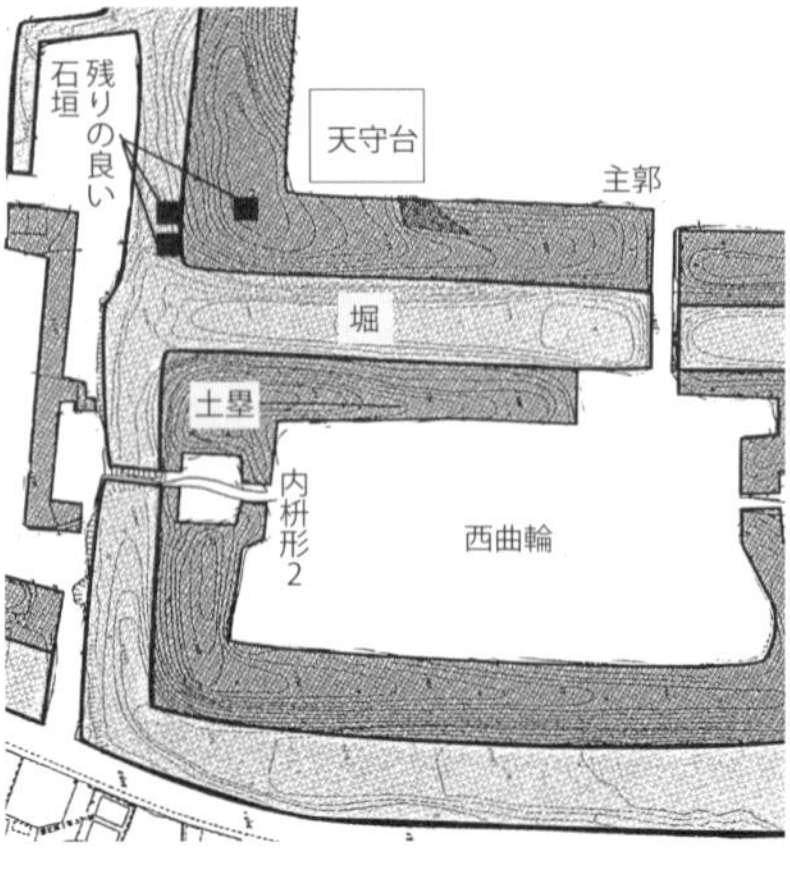

㉑主郭に残る石垣の位置

㉒主郭の壁に残る鉢巻石垣

か！　だから北側は残ったのかもしれないですね。持っていく順番からすると、南側から石を持ち出して北側だけが残った。

齋藤　そうかもしれない。いやぁしかし、足を止めるねぇ。この景色は。

昇太　すばらしい。

中井　館《やかた》なんていう名前では、片付かんよ。これが城でなくて何が城やっていうくらい、すごい！

昇太　この堀の深さ、何メートルあるんだ。

中井　堀底からだと二〇メートルを超えるかもしれんね。大坂城の本丸の高石垣《たかいしがき》と変わらない高さがあるわ。

二門形式の枡形は武田を踏襲

昇太　北の枡形《ますがた》2（㉔）もきれいになったなぁ。

齋藤　南の枡形1にくらべると石がおとなしいね。

中井　やっぱり枡形1の虎口が正面なんでしょう。

齋藤　でしょう。この石垣をみると、あとで付け足した感があるね（㉕）。

中井　そうね。土塁の塁線《るいせん》と合ってないね。出入口のところだけきっちりとした門を作りたかったんだな。

昇太　この土塁は武田の頃のものをそのまま使っているんですかねー？

齋藤　どうだろうね。武田時代を踏襲して積み直された土塁の段階と、その後に石垣を組

㉓主郭の壁に残る鉢巻・腰巻石垣

㉔整備された内枡形２

んだ段階に分けて考えた方がいいね。

昇太　ふんふん、なるほど。で、この土塁の高さくらいに何か施設があったんですか？

中井　どうだろう？　枡形1もそうだけど、枡形の形がふつうじゃないんですよ㉖。カニばさみ状に一ノ門と二ノ門を正面に付けていて、直進させないようズラしているでしょ。織田・豊臣の枡形では見ないタイプなんですよ。この枡形2も、ちょっと出入口をズラしているのは、意識しているんでしょうね。直進はさせずに、食い違いになっとる。

　だけど、ぼくは秀吉段階で二門形式の枡形は類例がないと思っていて、本来は外枡《そとます》形状《がたじょう》にして櫓門《やぐらもん》だけなんですよ。大坂城もそうです。はっきりとした内枡形《うちますがた》になるのは、慶長五年(一六〇〇)よりもさらに新しい。

齋藤　そうそう。

中井　二門の形式で、ここにどんな門があったのか？　ひょっとすると、冠木門《かぶきもん》*程度だったのかもしれない。

(冠木門：二本の門柱に冠木(横木)を渡すだけの屋根がない門)

齋藤　この幅ですから、何もなくてもいいかもしれない。

中井　そうかもしれん。何もないかもしれん。おもしろいのは、ちょっとズラしているところで、徳川大坂城の青屋口《あおやぐち》がこのスタイルです。ほかは全部内枡形だけど、青屋口だけ二門並立して、ちょっとズラしとる。なんで微妙にわざわざカニばさみ状にしたのか？徳川の段階にもほかに類例がない。

昇太　このちょいズラしの二門形式は慶長期にはないんですね。

中井　慶長以降になると、右折れか左折れの枡形になるね。けど大坂城でも元和《げんな》(一六一

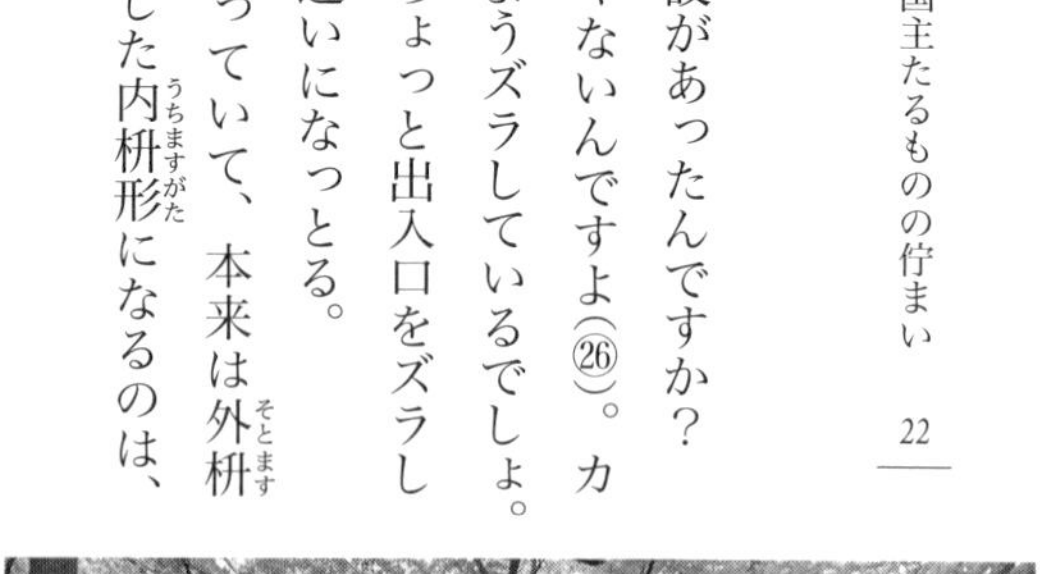

㉕西曲輪の内枡形2

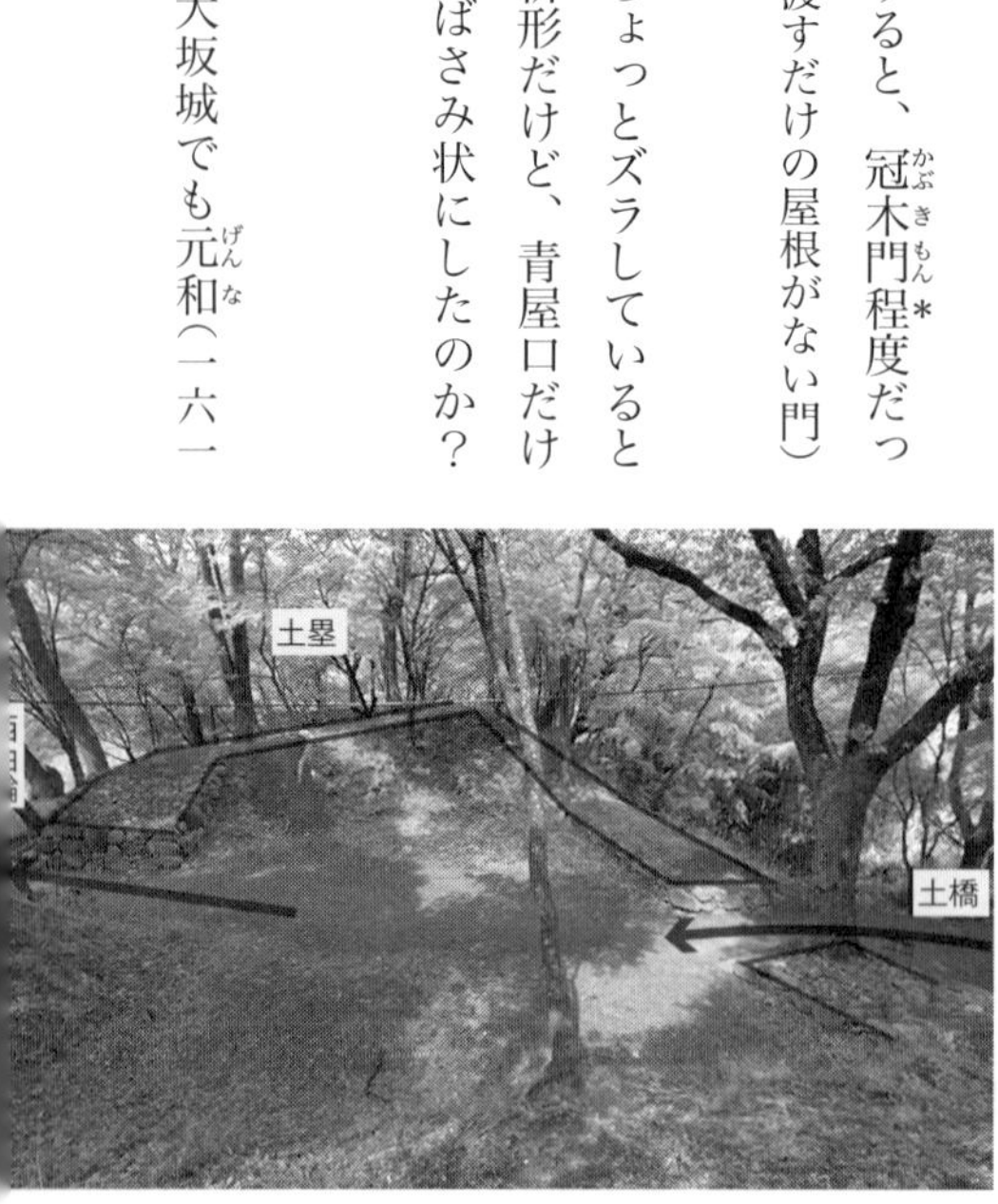

㉖ちょいズラしの二門形式の内枡形2

五年）以降でこのスタイルは残りますからね。お城のおもしろいところです。全部が一気に淘汰《とうた》されず、いろいろなスタイルが残り続ける。枡形ってなかなかむずかしいんですよ。

齋藤　そうね。折れがあるだけで、空間を何も使っていないのに、枡形だと言う人もいるからね。空間があるかないかを基準にしないとダメ。

中井　そう、枡形は空間ですわ㉗。

――西曲輪の枡形は発掘してたよね。

中井　内枡形２は発掘してますな。二門形式の門礎石《もんそせき》がみつかっていたな㉘。

齋藤　新府《しんぷ》（山梨県韮崎市）でも同じ形式の門礎石が見つかってるよね。

中井　新府では門礎石が焼けた状態でみつかっとるね。躑躅ヶ崎の発掘では遺物がなかったんで、時期がわからなかったけど、新府は天正一〇年（一五八二）に火を放って落ちとるから、同じ二門形式の枡形が躑躅ヶ崎で使われたのは、武田の時代だろうと評価していたな（佐々木満「甲斐武田氏の本拠」『中世城館の考古学』高志書院）。

㉘内枡形２でみつかった門礎石の遺構

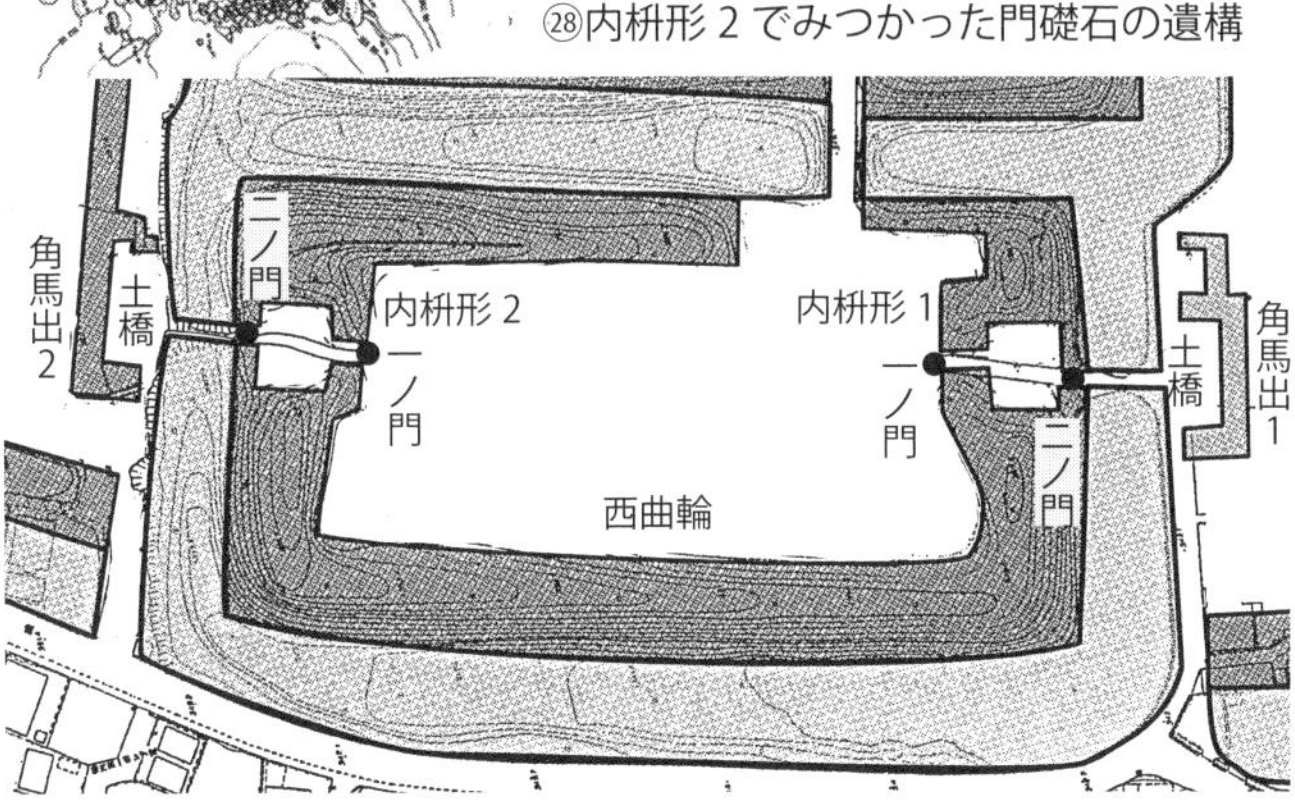

㉗二門形式の内枡形

齋藤　門のカタチはちょっと変だけどね。
中井　そうそう、まあでも、このちょいズラしの二門形式の内枡形は、武田でしょう。
昇太　へぇ、そうなんだ。堀の外から虎口を見ると、ほんと入口がズレているのがよくわかりますよ㉙。
中井　来んとわからんね。写真を撮ってもようわからん。
昇太　堀を出て西曲輪の北側をちょっと見てきましたけど、堀の壁面には石が貼ってあるんですね。ということは、全面に石垣があったんですか？
中井　貼ってあったんだろうね。甲府城に持っていくのが大変だったので、北側は石が残ったみたいだね。
齋藤　甲府城に持って行ったあとは、割って形を整えないと積めないから、小さい石材だと役に立たないので、残ったんだろうね。
昇太　なるほど、なるほど。稲荷《いなり》曲輪から主郭の堀をみると、今は刈り払われているから石がよく見えるなぁ㉚。
中井　すごいねぇ。この石垣を見て武田の城だって思う人もいるだろうね。
齋藤　そうかもね。躑躅ヶ崎の見所の一つは、武田時代を部分的に踏襲しながら、武田滅亡後の天正から文禄くらいのお城の造り方が見学できるところだね。
中井　おっしゃるとおり！

㉚主郭にある残りの良い石垣

㉙内枡形２　入口がズレているの、わかる？

発掘現場を見学。味噌曲輪で石列がみつかった

中井　味噌曲輪の角馬出《かくうまだし》のところを発掘しているね。

昇太　ちょっと行ってみませんか。

担当　おや？　みなさんおそろいで取材ですか。

齋藤　ご無沙汰です。本を作るんですよ。

担当　なるほど、そういうこと。以前の見学会資料、差し上げますよ。

一同　ありがとうございます。

担当　西曲輪の中を掘ったら東側から石の階段が出たんです(31)。浅野絵図の丸で囲ったところです。浅野絵図は土塁で表現してますけど、そこに石列《せきれつ》があって築地《ついじ》か何かでずっとつながっていたんです。びっくりですよ。

齋藤　西曲輪はかなりの段差がありましたからね。石の階段はいいですね。

担当　整備のときには、石段といっしょに土塁か築地を復元しようとは思っているんですけどね。

中井　階段の時期はわかったんですか？

担当　はっきりしませんね。残念ながら。いま発掘しているところは、味噌曲輪の角馬出がどのような形で残っているのかを調べているのです。主郭東の虎口（角馬出3）を調査したときは、下から三日月堀の丸馬出が出てきたので、この場所にもあるのかなということで、始めているのです。現場見ます？

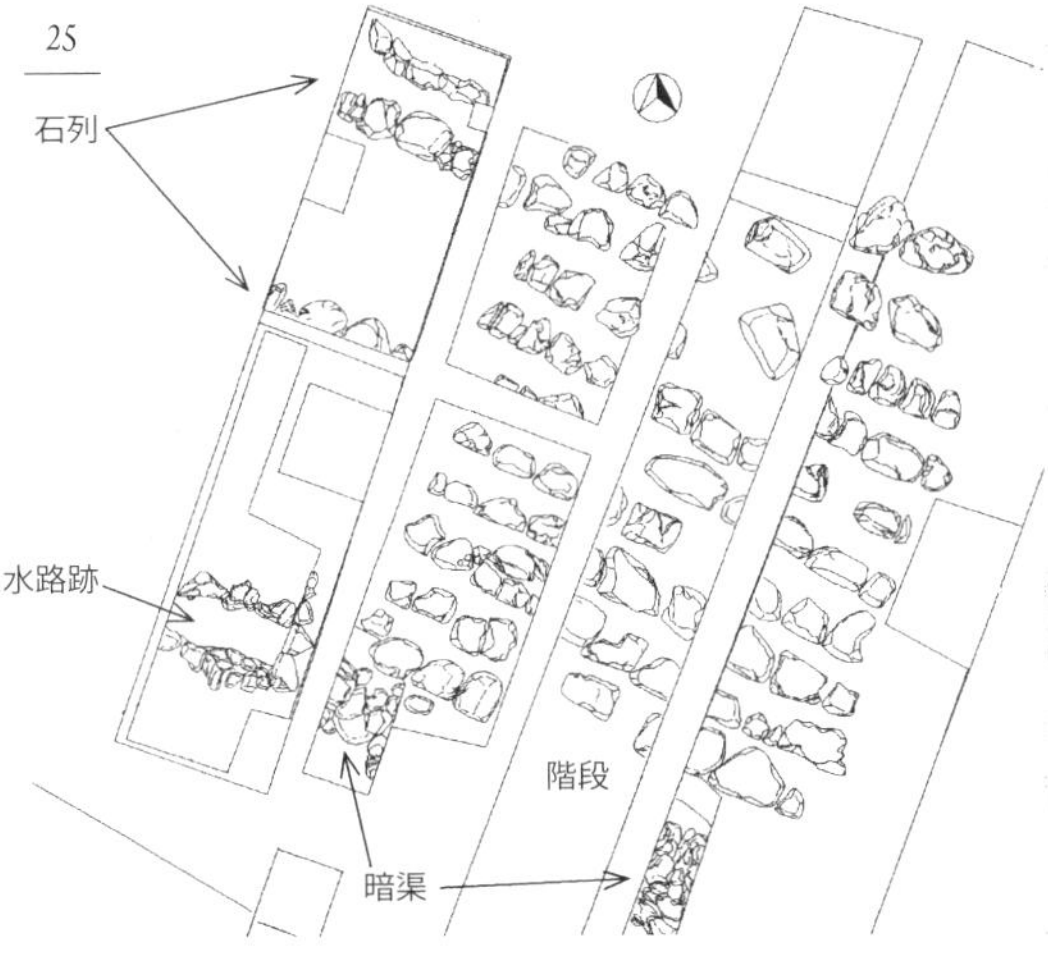

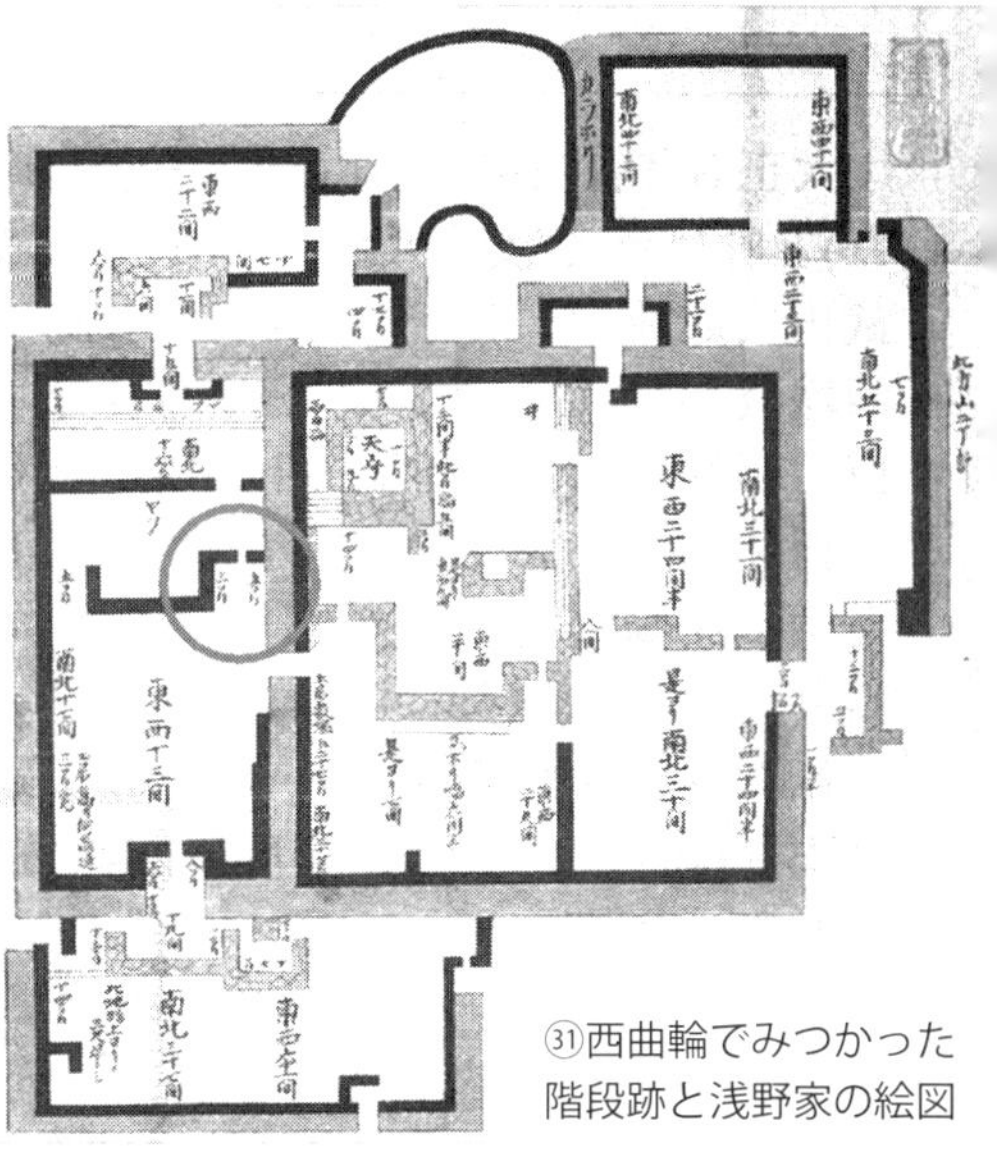

㉛西曲輪でみつかった階段跡と浅野家の絵図

中井　見せてもらえるとありがたい。三日月堀が北側から出てくるといいな。小さいことがわかれば、武田氏は大きな三日月堀を作らないという説が成り立つ。
齋藤　丸馬出の遺構は見えているのですか？
担当　上の面で石列㉜がきれいに出ていますが、まだ丸馬出の遺構は見えません。
中井　その石列が東の角馬出3と同じ時代だと。
担当　そうだと思います。武田滅亡後と考えています。
齋藤　武田滅亡後には南側をけっこう盛土しているけど、北側の盛土はどうです？
担当　かなり削平されていて、石列も石積みが二～三段くらいしかないのです。掘るとすぐ地山《ちやま》の硬い土なので。
齋藤　そうですか。そうすると、丸馬出が角馬出といっしょになって出てくるかもね。
担当　それはあり得るかもしれない。
齋藤　壊されている可能性もあるな。
担当　残っているといいんだけど。
中井　躑躅ヶ崎には何度か来てますが、きれいに見えるようになったねぇ。
担当　環境整備でかなり木を伐採しましたから。
齋藤　堀の石垣にはひとしきり感動したところですよ。中に入れない分、外から見えるといいね。
担当　もう少し木を払うと天守台がきれいに見えるんですが、本殿が近いのでなかなか。
――　そだねー。

㉜発掘でみつかった石列

一同　どうもありがとうございます。

ナゾだらけの北の郭群

中井　浅野家の絵図はすごく正確やな。発掘でも裏がとれるなんて。でもこの絵図をパッと見せられて「躑躅ヶ崎だ」と答えられる人はおらんでしょ。

齋藤　でしょうね。絵図を見て北に大きな馬出があるのは知っていたけど、最近、やっと現地で同定できるようになったね。絵図だけでは信じられなかったけど、現地をみてもこの細かい仕切りのような堀が多いのは、実際にあるんだねぇ。

中井　あるんですなぁ。堀が狭くなるところは絵図と同じです。

齋藤　測量図(㉝)でみたほうがいいね。味噌曲輪の形はよくわかるよ。これが堀(図㉝▲)だな。

中井　道路の横にあるのが堀の跡で、この高まりが土塁(㉞)。

齋藤　道の手前のラインが堀(図㉝▼)。測量図のほうがいいね。

昇太　わかりやすいですね。

齋藤　測量図と縄張り図と、どっちが見やすいか、ふたつ用意したんだけど。(笑)

中井　どっちも使いやすいけど、状況によってだね。

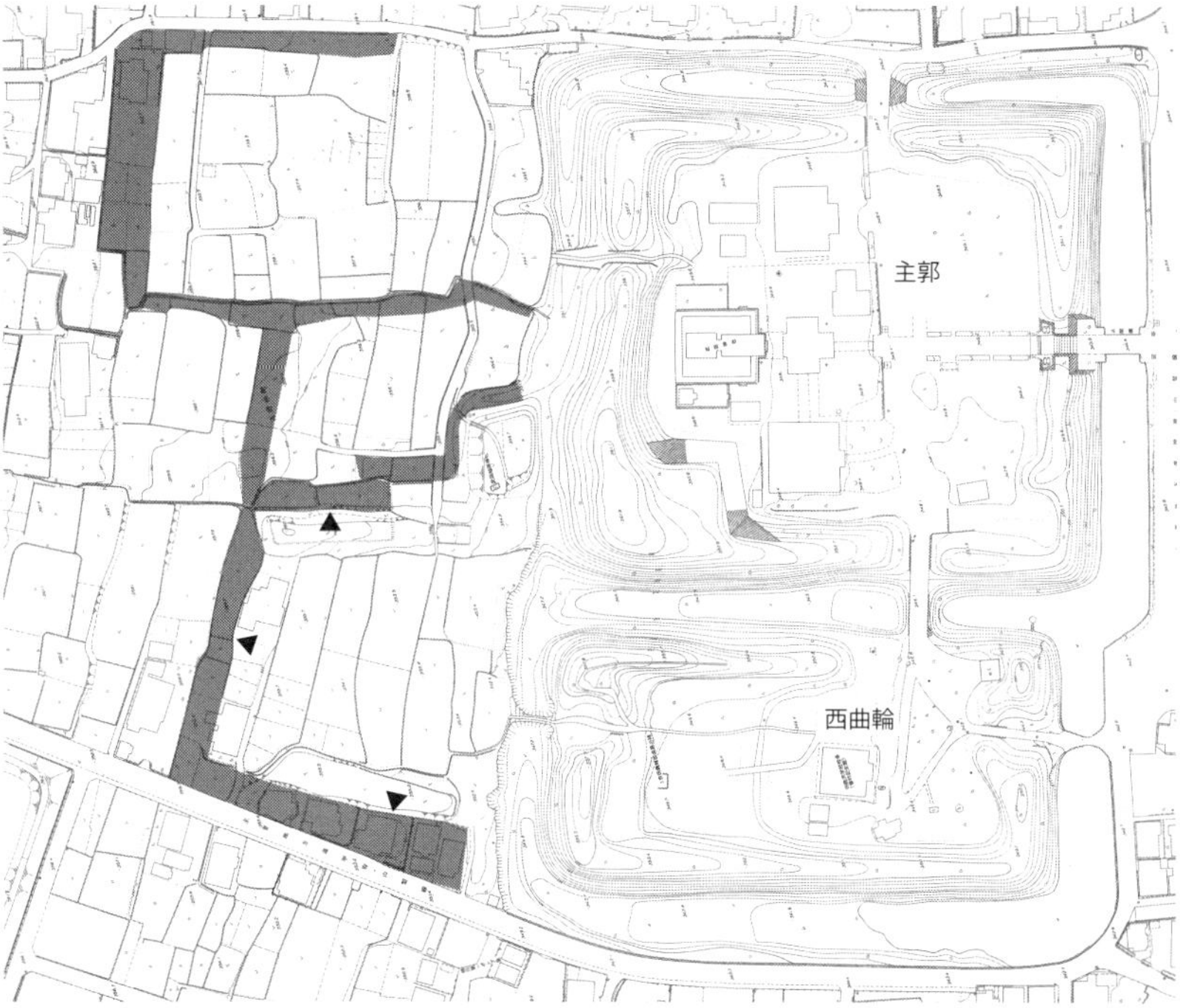

㉝躑躅ヶ崎測量図

昇太　組み合わせて使い分けるってことですね。測量図だと堀や土塁のラインが見えてくるんですね。

中井　躑躅ヶ崎の北は測量図でみるとよくわかる。無名《むめい》曲輪がちょっとわかりづらいかな。

昇太　なんでこんな面倒なことするんですかね。クネクネと堀を入れて。ちょっと異質じゃないですか？

中井　北側が不思議やね。

昇太　なんでこんなことをしてるんだろう？

中井　武田時代は北に全く何もないんでしょうか？　三日月堀があったとしても、それだけだったんでしょうか？

齋藤　北の方は武田の時代にどうなっていたんだろうねぇ……　とりあえず北の馬出㉟に行ってみますか。

中井　主郭の北にある外枡形状《そとますがたじょう》の馬出4もよく残ってるな。ほうほう、石垣も残っとるね。ただ積み直してるようだけど。

齋藤　隅にある石㊱はいいんじゃない。

中井　そうね、セットバックしとる石垣もあるな。

昇太　ほんとだ！

中井　浅野図や図でみると、サイドに口が開くのではなくて、正面に開くんだね。やっぱり若干、出入口をズラして。

齋藤　現地もそうなっているね。

㉞味噌曲輪の堀と土塁跡がよくわかる

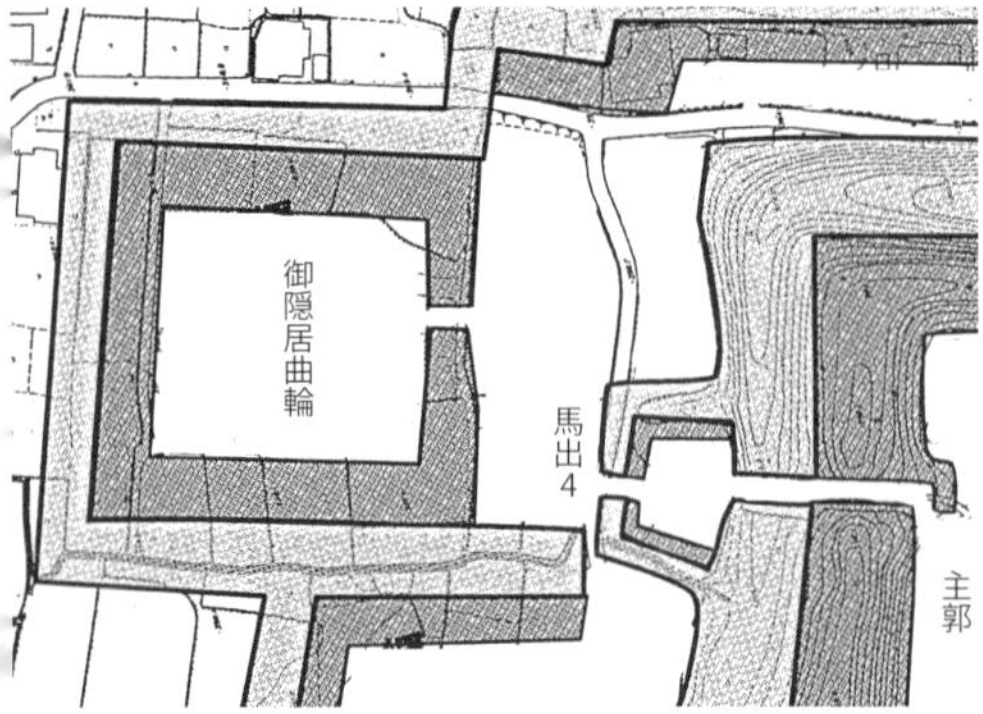

㉟馬出４拡大図

昇太　この馬出4はちょうど要害山《ようがいさん》に向かっての方角ですよね。武田っぽくないですか？

中井　うーん、この馬出4の下に武田時代の丸馬出（三日月堀）はあってもいいよね。

齋藤　うん、そう思うよ。

大馬出の中の小馬出は珍しい

——どうしてこの場所に馬出を作るんだろう？

中井　土橋を守りたいのですよ。結局、全部の出入口に馬出をつけているんでしょ。

齋藤　そうなんだよ。でもさ、大馬出《おおうまだし》の中に小馬出《こうまだし》があるのって変だよ。こういう事例はほかにあまりないですよね。西日本ではありますか。

中井　ないですね。ホンマに珍しい。

齋藤　大馬出の中の小馬出は、類例がないんだ。東日本では小田城《おだじょう》（茨城県つくば市）に事例が考えられるけど、あまりないですね。小田城は佐竹《さたけ》が秋田へ移封《いほう》される一六〇三年以前の遺構だと思いますけど、躑躅ヶ崎はなんでこんなことをしたのかな？

昇太　前に作ってあったものはそのままにして、外に広げてしまえ、みたいな……

齋藤　でも、全部の出入口に小馬出を付けているわけですよ。ここと小田城のほかには例はないのかな。

中井　いやあ、ないと思う。近世でこんなに小さい馬出は作らんでしょ。石まで貼ってさ。

昇太　大きな馬出ができる前は、小さな馬出が同じようにあったのですね？

中井　そう、もともと武田氏の時代に、小さな丸馬出があったのは、発掘で三日月堀が出

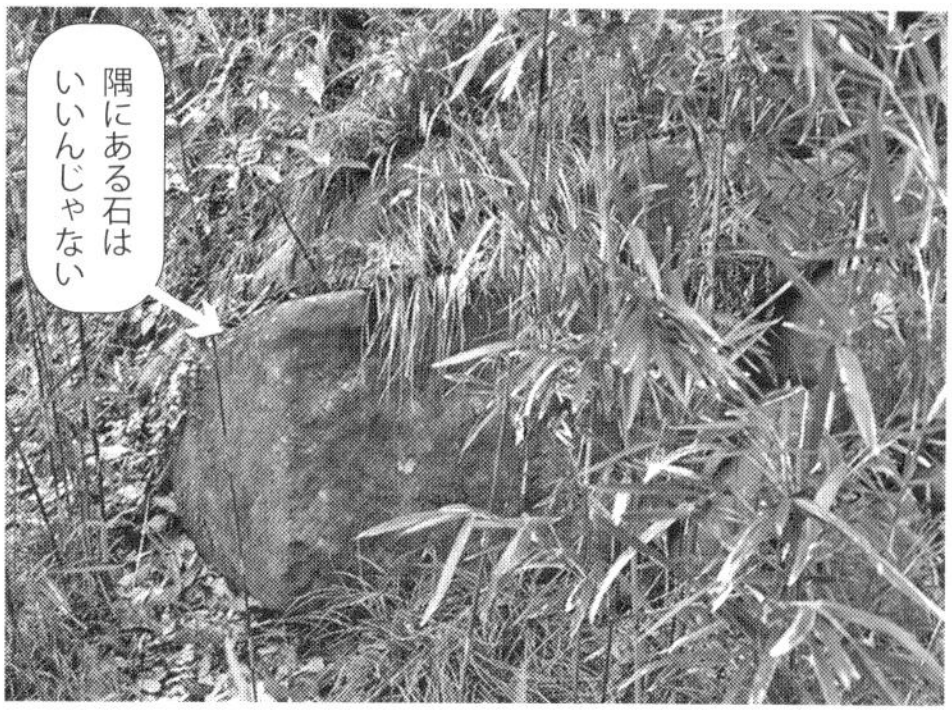
隅にある石は
いいんじゃない

㊱馬出４の隅石アップ

武田っぽく
ないですか？

㊲馬出４を引いて撮る

ているから間違いない。でもそれをなぜ、改修時に踏襲する必要があったのか？　埋めて大きな馬出だけにすればいいのに、なぜ小さな角馬出が必要だったのか？

齋藤　それが一番のナゾだね。それにさ、三日月堀の小さな丸馬出があったら、そのまま使えばいいのに、なぜ角馬出に変えるんだろうね。

中井　よほど丸馬出がイヤだったんじゃないですか。

昇太　丸馬出は田舎っぽいっからイヤだって。（一同爆笑）

中井　不思議ですよねぇ。聚楽第《じゅらくてい》もそうだし、西国では必ず角馬出になるのです。丸馬出は西国では絶対ないのです。だけど関東では、近世になっても宇都宮城《うつのみやじょう》（栃木県）や川越城《かわごえじょう》（埼玉県）で丸馬出を使いますよね。西国では絶対使わないのに不思議です。なぜ躑躅ヶ崎は丸馬出をそのまま使わなかったのか？

昇太　きれいに丸くするほうがむずかしいんじゃないですか。

中井　そうか！　石垣では丸く作れないんだ。

齋藤　しかも関西の場合、条坊《じょうぼう》の四角い地割があるところに城を作るからね。

中井　初めから方形区画されている。なるほどね。

――角馬出は一五世紀の発掘例はあるけど㊳、丸馬出の古い事例ってどこかにあるんですか？　武田領以外に。

齋藤　古い事例、武田領以外で……、丸馬出はないなぁ。

中井　丸馬出はないね。大馬出の中に小馬出がある理由はわからんけど、いずれにせよ大きな馬出で郭を作るのは、やはり梅翁《ばいおう》曲輪のサイズですよ。

㊳一五世紀代の角馬出
（荒井猫田遺跡・福島県郡山市）

齋藤　梅翁曲輪の作り方は織豊《しょくほう》のプランですね。それにくらべて躑躅ヶ崎の北にある味噌曲輪から御隠居曲輪に至るまでの作り方は、少し変わってますけど。

馬出の来歴をさぐる

――躑躅ヶ崎をひとしきり歩きましたけど、新たな発見はありました？

中井　ぼくは西曲輪のあり方が非常にすっきりした。西曲輪が武田義信《よしのぶ》の新郭《しんぐるわ》を作るときにあってもいいと思うけど、教条主義《きょうじょうしゅぎ》的＊に両サイドから入れようという馬出だと、やっぱり正面の大手は西曲輪になるね。絶対に。

（教条主義：状況を無視しても特定の原理・原則に固執する考え方）

齋藤　それにこれほどの傾斜地に、無理をしてまで設計にこだわっているね。だって、教条主義的に作るんだったら、南側にも虎口を作ればいいのに、そうはなっていない。

中井　そうそう。西側を正面にせざるを得ない状況の中で、両サイドから入れようとしている。

齋藤　現状の西曲輪は加藤氏（天正一九年以降）の仕事だと思うけどね。

中井　そうでしょう、平岩氏（天正一八年以前）ではないでしょう。加藤だな。

齋藤　それにこの主郭まわりの堀の大きさからして、躑躅ヶ崎は聚楽第に一番近いのかもしれない。

中井　うん。そうでしょう。サイズもおそらく聚楽第と同じくらいでしょう。京都市内にそんな高い石垣を積んでいるわけでもないし。

昇太　聚楽第の設計者はわかっているんですか？

中井　わからない。けど、よく言われるのは黒田官兵衛《くろだかんべえ》かな。

齋藤　ぼくは、城に馬出を使う発想は、東国で培われたものだと思っているんです。前の対談でも言ったけど（『歴史家の城歩き』）、聚楽第の技術者の中には、東国で土の城造りをした連中が入っていたと思うよ。

中井　確かに畿内で馬出を使うのは、秀吉《ひでよし》以降だからな。馬出の発想は、東国にあってもおかしくない。

――　東国の技術者たちは、秀吉に招かれたの？

齋藤　一般に建築に関わる技術者は、大工・瓦職人・石工たちだけど、中世の段階では大寺院が抱えていたと考えられているんです。あるいは各地を遍歴《へんれき》していた可能性もあるね。

その職人たちが次第に特定の戦国大名と関係を持って、定住するようになっていくようです。北条氏ではそんな事例が石工にあるんです。でも、そうはいっても、特定の大名に奉仕する集団になったわけではなくて、ほかの大名とも結びついたりします。小田原の石工は武田氏に仕えているしね。なので、技術者は契約によって雇い主を替えていたように考えられるんです。

――　なるほど、そういうことね。で、畿内の馬出はどうなんですか？

中井　居城としての城のあり方でいえば、西国では伏見城《ふしみじょう》も角馬出があるし、大坂城もじつは外郭は角馬出だらけです。門の前は全部角馬出なんです。

齋藤　天正から文禄の時期、馬出は流行《はや》るよね。でも慶長の末年くらいになると、馬出は消えていくのです。だからいまの江戸城には馬出がないのだけど、慶長のときの江戸城には馬出がいっぱいあったんだよ。本丸の南北に馬出があって、南の方は三角《さんかく》馬出なんです(拙著「慶長期の江戸城」近刊)。

―― 三角馬出し?! へーー、五稜郭《ごりょうかく》(函館市)じゃないですか。

齋藤 富士見櫓《ふじみやぐら》の下がそうです。馬出の堀を埋めて二の丸にしているから、馬出が見えなくなってしまったんだ。

昇太 そうなんだ、初期の江戸城には馬出があったんだ。平和になったら馬出があると出入りにはめんどくさいからなー。

武田時代の躑躅ヶ崎

中井 師匠はどうでしたか。躑躅ヶ崎を見て。

昇太 友達といっしょにお城に行くと、「あのお城は、城主は誰なの」「いつの?」とよく聞かれるんだけど、改めて今日見学して、今に残っているものがいつの時代なのかはむずかしいですね。いろんな時代の、いろんな人の手でいじっている感じですよね。

齋藤 そうそう、「いつの?」「だれの?」はむずかしいよ。

―― でも聞きますけど、武田信虎《のぶとら》のときの躑躅ヶ崎って、主郭《しゅかく》だけですか?

齋藤 信虎のときに主郭はあったでしょう(永正《えいしょう》一六年、高白斎記《こうはくさいき》)。武田信玄《しんげん》のときに息子の義信《よしのぶ》のために新郭《しんぐるわ》を作ったという記録(天文《てんぶん》二〇年、高白斎記)があって、そこが義信の居所《きょしょ》になったと言われているのです。発掘では、主郭の下層から武田時代の遺構も見つかっているから、もしかしたら、新郭を作る前は単純な方形の館《やかた》だったかもしれない。
中井　そうだろうね。
齋藤　ただ、義信がほんとに西曲輪に住んだのかどうかだよ。斜面のきつい郭だし、主郭が「主」で西曲輪が「従」の関係であることもはっきりしているし、主郭に入る土橋に対して横矢《よこや》がないんだよね。わからんねぇ。
中井　義信のときの新郭がどういうカタチだったのかは、わからないでしょ。
齋藤　わからないですよ。傾斜地の中で南側だけはすごく異常な盛土をしているので、加藤氏の段階に大規模な造成をしたと思うけど。
昇太　大手は信虎のときから西だった？
齋藤　うん、武田の時代でも正面の出入口は西だったと思う。主郭の東と西に虎口があってもいいんじゃないかな。信虎の菩提寺《ぼだいじ》は大泉寺《だいせんじ》(甲府市古府中町)で、躑躅ヶ崎からみて南東側の山裾にあるから、必ずしも南側に何もなかったとはいえないんだろうけど、信虎の頃も正面は西だと思うよ。京都の方を向いているわけですからね。
中井　南側が正面だとすると、南に土橋や虎口があってもおかしくないわけです。
齋藤　主郭に南面の虎口はないんじゃない？
中井　正面じゃないという意味で？　正面が南にあっても、南に虎口は設けないということですか？
齋藤　武家屋敷の作り方からして、東西から人は出入りするからね。建物は南面していても、主郭の虎口は東西でしょう。

昇太　そうなんだ。

齋藤　「君子南面《くんしなんめん》す」だから天皇以外は南面の出入口は作らないね。それは江戸時代にいたるまでずっと続いているんです。

——南は高貴な客人が来たときだけに使う門があった、ってことはない？

齋藤　もしあったとしても勅使門《ちょくしもん》*でしょ。躑躅ヶ崎に南門はないと思うよ。勅使門があるような城は聞いたことがないから。

（勅使門：天皇の勅《みことのり》を伝える使者が通る門）

——周防《すおう》守護の大内氏の館跡（山口市）では、南門がみつかってるけど？

齋藤　厳密に言うと、京都御所《ごしょ》のように門から主殿《しゅでん》までが一直線に南北軸にそろう場合を言うんだろうね。でも、基本的に南側を避けるという考えがあったように思うんだ。

　大内館の場合は確かに南門と報告されているけど、内郭《ないかく》と外郭《がいかく》のうちの内郭に想定されているようなので、大通りからの門ではなさそうだし、内郭の使われ方を考えるなかで、なぜ南門なのかも考えないといけないかもね。

中井　たしか大内氏の守護館《しゅごやかた》は築地塀《ついじべい》があったよね。守護館だったら土塁ではなくて、ふつうは築地塀じゃないですか。信虎が躑躅ヶ崎に移るのは永正一六年（一五一九）でしょ。永正だと最初から土塁を構えていてもおかしくはないのかな。

齋藤　躑躅ヶ崎のサイズは一〇〇メートル四方以上、一町《いっちょう》四方はありそうだよ。

中井　それだったらもう築地塀でなくても、由緒正しき守護館ですな。

躑躅ヶ崎の移り変わり

齋藤　躑躅ヶ崎はとにかく変わった作りだよ。師匠も現地で異質だって言ってたけど、よくわからないのが北側の郭群《くるわぐん》で、コテコテと細かく切り刻んでいるところです(39)。ときどきあるんだよ、近世の城絵図を見ていると。

昇太　北の郭群は非常に不思議ですね。

齋藤　もしかしたら御隠居曲輪は、単郭《たんかく》で存在して、もともとこの場所にあったのかもしれないね。

昇太　もともとですか？　武田氏の時代に？

齋藤　うん。だって、御隠居曲輪だけ完全に独立しているでしょ。中心となる主郭の周辺に主郭とは連結させず、方形の屋敷地が群在するイメージだね。それを取り込んでいくのが戦国時代のあり方だと思う。

昇太　そうか！　外にめぐっている堀と土塁があるから、わかりにくくなっているけど、それがない状態であれば、主郭とは離れた場所に単郭の方形館《ほうけいかん》があった。

齋藤　そう考えられますね。

昇太　うんうん。武田信玄の時代には主郭と西曲輪があって、出入口に全部小さな丸馬出があって、離れた場所に御隠居曲輪があった。そのあとから北と東を囲い込むような堀と土塁が作られて、そこに味噌《みそ》曲輪や無名《むめい》曲輪を加えたから、いつのまにか大馬出＋小馬出になった、ということですね(39)。

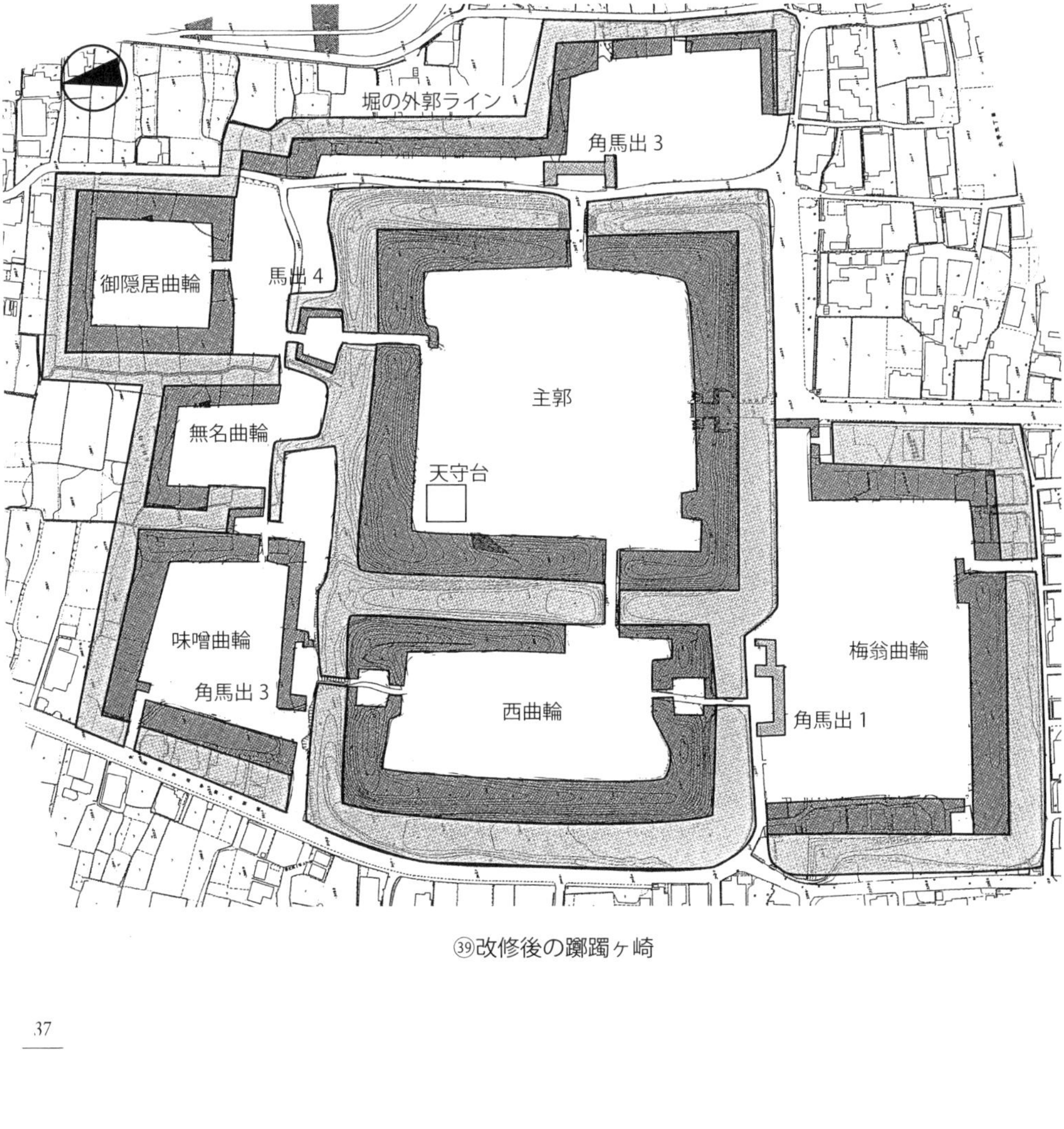

㊴改修後の躑躅ヶ崎

斎藤　そうかなぁって……。躑躅ヶ崎と似たようなスタイルは、常陸の小田城（茨城県つくば市）にあるんです（㊵）。小田城には主郭から少し離れたところに信田郭《しだぐるわ》があって、信田は小田家の重臣の名字なんです。もともと離れていた信田屋敷だったんだけど、主郭の間にある堀に橋を架けて、馬出状の郭に改修しているのです。まさに小田城の信田郭と躑躅ヶ崎の御隠居曲輪は同じようになっている。そんな気がする。

——　なになに？　じゃあ、信虎の頃は北の郭群がなくて、東から北にまわり込むように作ってある堀・土塁もなかったの？

斎藤　信虎の頃の躑躅ヶ崎は主郭だけでしょう。周防守護の大内氏や豊後《ぶんご》守護の大友氏と同じで、最初は方形の館が一つあった。その後、信玄の時代に西側に新郭が造られるというのが基本だと思うのです。もしかしたら北の方には家臣たちがいるような場所があったのかもしれないな。そして武田滅亡後に豊臣の改良の手が入る、そんなイメージだね。

昇太　ふんふん。

斎藤　もう一つ別の考え方としては、御隠居曲輪がもともと単郭であったとしても、それ以前に全体を囲い込むような堀が先にできていたのかもしれない（㊶）。細かく刻まずにね。

中井　外郭《がいかく》ライン*でもって複郭《ふくかく》を作っていた！　なるほどね。そのあとに細かく刻んで味噌・無名曲輪が造られた。確かに御隠居曲輪だけは方形館の感じがある。郭というよりは

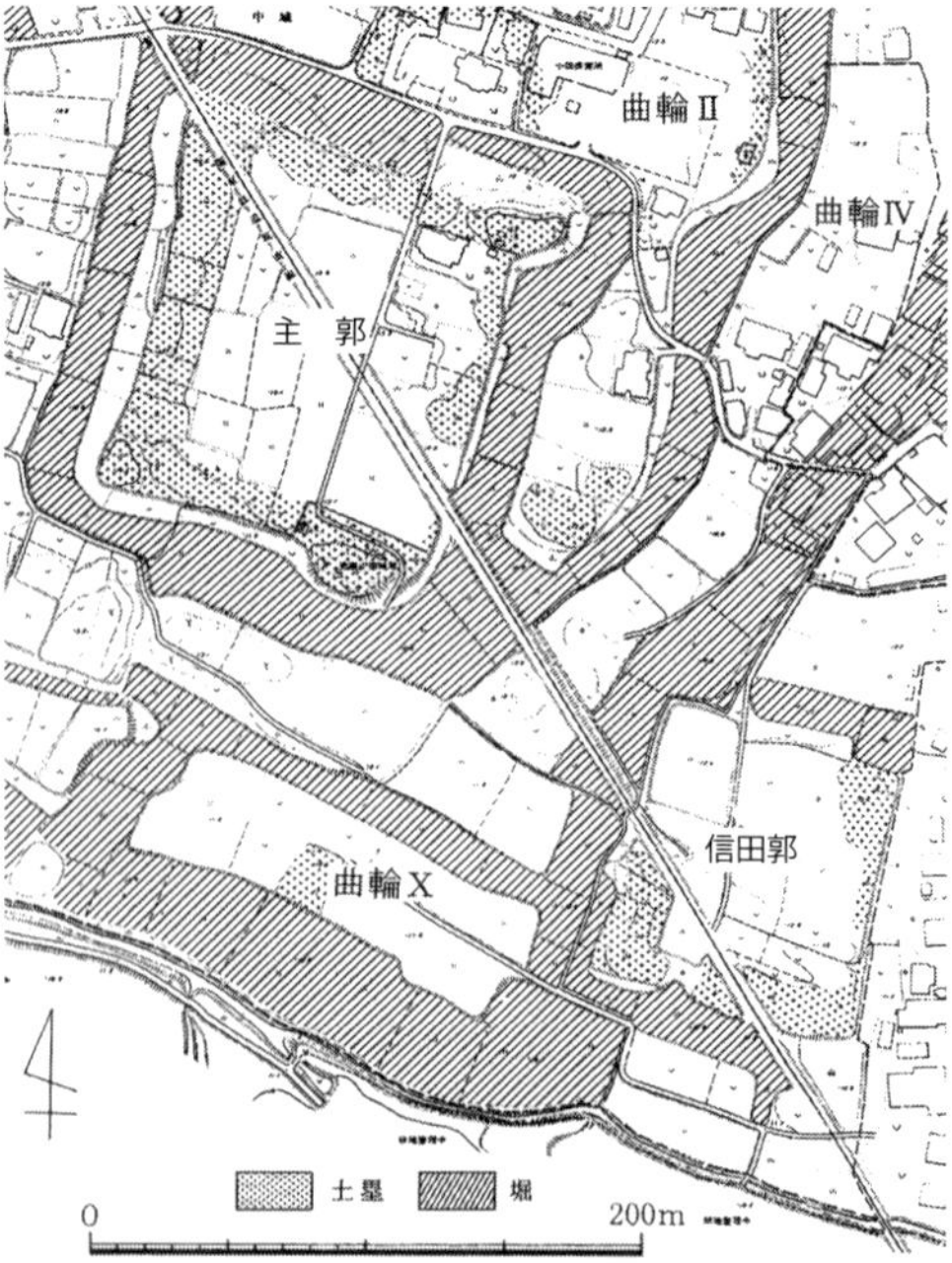

㊵小田城の主郭と信田郭

一つの屋敷ですよね。（外郭ライン：城域全体を囲う施設。堀や土塁が多い。複郭：複数の郭）

昇太　御隠居曲輪もまわりに堀と土塁でつながっていなかったら、抜群にきれいなんですよ。

中井　すごい大胆なことを言うと、この外郭のラインも伏見城の北側に似ているんですよ。外郭ラインの内側を、馬出を造るように二本の巨大な堀を入れている。だんだん、躑躅ヶ崎も聚楽第と伏見城にしか見えてこなくなりましたよ。（一同爆笑）

齋藤　それは正解だと思いますよ。従来の地生《ちば》えの城造りで築かれた城館《じょうかん》に、織豊期に織豊の築城術《ちくじょうじゅつ》で改修するんですから、当然、改修後は新しい城に生まれ変わるよね。結果として同時代に築かれた織豊の城ときっと似てきますよ。そこがお城を見るときのおもしろさですよね。

豊臣時代の躑躅ヶ崎

昇太　武田家って相当なブランドなわけじゃないですか。どのあたりまで新しく改修したのかな。

齋藤　見た目の新しさをつけないと、前の為政者《いせいしゃ》の先例《せんれい》を引きずることになるので、それは一生懸命に消そうとするんですよ。

昇太　武田滅亡後の躑躅ヶ崎は、北側だけでなく、主郭の東側の堀にも石がちょこちょこ残っていましたから、総石垣《そういしがき》のお城に改修してますよね。

中井　そう、豊臣が来たインパクトとしては、石垣でしょう。石で城を作ることに意味が

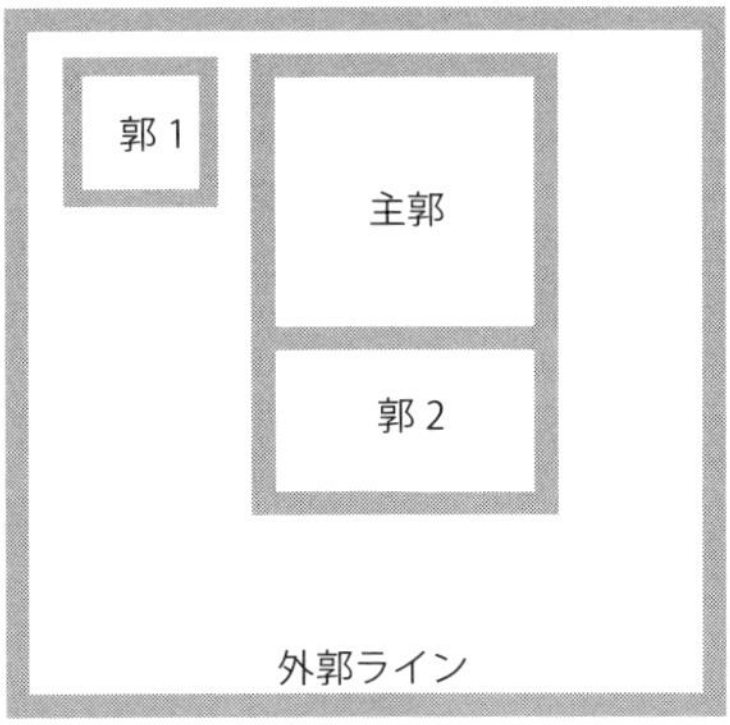

＊主郭の外側を堀や土塁でかこう二重方形のカタチ。
＊外郭ラインで複郭を造るというのは、このカタチを示す。
＊外郭ラインの内側をさらに堀で切り刻んでゆくと、躑躅ヶ崎の改修後のようなカタチになる。

㊶外郭ラインでかこまれた方形館のイメージ

あるんだろうからね。天守と石垣ですよ。

昇太　土塁の面のところに石を貼ったり、上に乗っけたりして、一生懸命に石垣の城を作った感がありましたね。

中井　おそらく、一気に石垣を造るのはシンドイから、腰巻・鉢巻なのでしょうね。その間は土塁なのかもしれない。それでも壮大でしょう。

昇太　西曲輪の外からだったら石垣の上の方しか見えないから、それはもう総石垣に見えるでしょうね。

中井　そのお城に天守台があり、天守が建っていた。

昇太　この大きさの天守台だとしたら、何層くらいですか。

齋藤　そんなに大きくはなかったですよ。

中井　そうなの？

齋藤　三層くらいだと思いますよ。

中井　今までの躑躅ヶ崎の調査で、瓦は出ていなかったね。

齋藤　瓦は記憶にないね。出てもおかしくはないのにね。やっぱり、躑躅ヶ崎は早い段階で甲府城に移るのかな。

中井　甲府城は浅野氏段階（文禄二年：一五九三以降）の違《ちが》い鷹羽文瓦《たかのは》が出ているから瓦葺《かわらぶき》だったけど、躑躅ヶ崎は石垣造りに改修しても、建物は板葺《いたぶき》だったのかもしれないな。

昇太　ところで、甲府城に移った後、躑躅ヶ崎は使っているんですか？

中井　神社が入るのは大正八年（一九一九）でしょ。江戸時代には何に使っていたんでしょうね？

齋藤　わかんない。あまり考えたこともない。（一同爆笑）　でも、これだけ遺構が残っているから、あまり開発をするような状況ではなかったんでしょうね。

昇太　お留場《とめば》になっていたんですか？

齋藤　聖域化して中には入らないようにしていたのかもしれない。

中井　武田家の旧臣もたくさんいただろうしね。

昇太　うんうん。

中井　武田家の旧臣は彦根《ひこね》（滋賀県）にもたくさん来るんですよ。彦根城の縄張りをしたのは武田家の家臣ですから。それで甲州流《こうしゅうりゅう》ってよくいわれるんです。

齋藤　彦根藩の井伊家《いいけ》はまるまる抱えるからね。

2章

要害山《ようがいさん》 力を誇示する仕かけ

要害山の主郭にて（2018.4.16）
左から春風亭昇太師匠、中井均氏、齋藤慎一氏

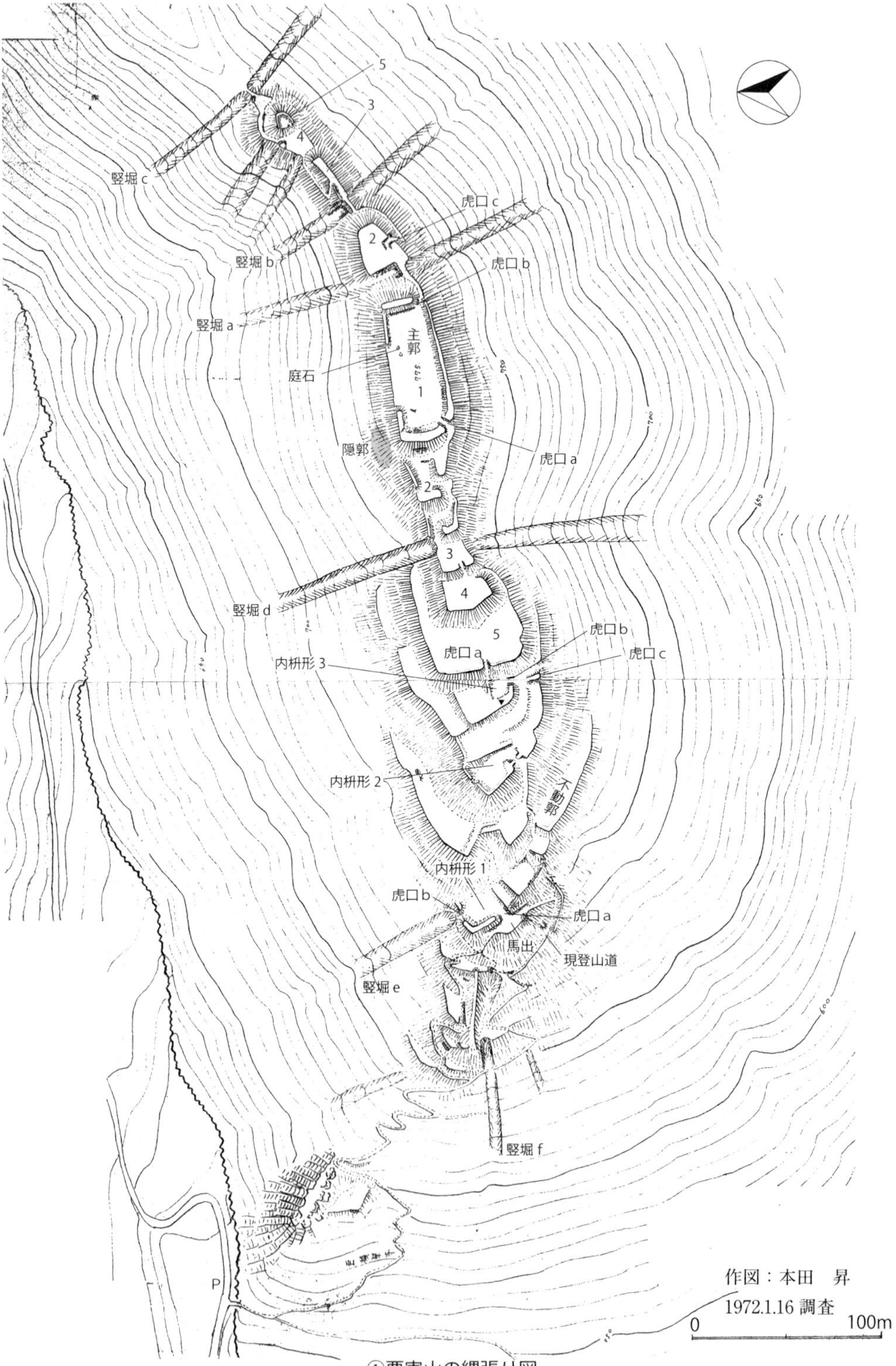
5
3
4
竪堀 c
虎口 c
2
竪堀 b
虎口 b
竪堀 a
主郭
庭石
1
隠郭
虎口 a
2
3
4
竪堀 d
5
虎口 b
虎口 a
虎口 c
内枡形 3
内枡形 2
不動郭
内枡形 1
虎口 b
虎口 a
馬出
現登山道
竪堀 e
竪堀 f
P
作図：本田　昇
1972.1.16 調査
0
100m

①要害山の縄張り図

中井　要害山《ようがいさん》は本田*さんの図だ。きれいだなぁ〜
（本田昇：城郭研究のパイオニア、二〇〇三年没）

齋藤　今から四六年前に描いたんだね。この図で初めて要害山の全体像がわかったのです。

昇太　すごいですね。全体像がわかったのが四六年前ですか！

齋藤　この頃はほとんどの城で縄張《なわば》り図がなかったし、早いほうだよ。

中井　全然ないよ。関西なんかそんな素ぶりもない。本田さんは要害山の図面をとって、「武田氏の城ではない」と言っていたのかな？

齋藤　四四年前に「石垣を貼っているのは後の時代だろう」と話をしていたのは記憶にあるから、その可能性はあるだろうね。ぼくはまだ何の知見もない中学生の頃でしたから、要害山は、武田以後の城だとインプットされたんだよ。

中井　四四年前に！　ぼくは大学生のころ（四〇年前）要害山に来たときは、武田氏の城だとしか見ませんでしたけどね。〔駐車場から一五分ほど山を登ると門跡に到着です〕

武田滅亡後の大改修

齋藤　四四年前に来たのは一二月だったけど、だいぶん葉っぱが出ちゃっているね。途中の竪堀《たてぼり》fの手前に道がついていて、この内枡形《うちますがた》1につながっているようだね。

中井　ヤブで行けなかったけど、本田図通りでしょう。いまの登山道は大まわりしているのかな。ほおー、立派な門が付いとるね（②）。内枡形1の前の空間は馬出《うまだし》だな。この馬出はもっと図面に表現してもいいくらい、側面がしっかりしとるよ。馬出と内枡形で二重虎《にじゅうこ》

【要害山】
〈所在地〉甲府市上積翠寺町地内
〈アクセス〉JR中央本線 甲府駅下車、山梨交通バス「積翠寺」下車。徒歩約五〇分。

②内枡形1の門跡

口《ぐち》にしとるけど、やっぱり、もともとの戦国の山城《やまじろ》に枡形だけを取ってつけたような感じがするね。

齋藤　そうね。虎口ａに入るところのステップ③もいいし、馬出との間を土塁で仕切ろうとしているね④。仕切り土塁の高さも合っているから、門で間違いないな。

中井　仕切り土塁の壁に石を貼り付けとるね。この石垣は入隅《いりすみ》がよくわかるな。

齋藤　最初に入る門だけはしっかり造ろうとしたんだろうな⑤。

中井　虎口の両サイドに仕切りの土塁を突き出させて、そこに石を貼るのは躑躅ケ崎《つつじがさき》の延長を見ているようだね。

齋藤　ほんとだよ。内枡形を入った真正面にある岩も見せてますよ⑤。

昇太　鏡石《かがみいし》みたい！

齋藤　この枡形の広さは戦国とは違うね。門を入ったところにこれだけ大きい空間⑦を造るのは後の改修でしょう。

中井　広い枡形の空間だけど、左手にも口《くち》が空《あ》いてそうだね。虎口じゃない？

齋藤　本田図はそう描いているね⑤。この虎口ｂは入口のところに竪堀を付けてるな。平入《ひらい》りの口の開け方や竪堀の入れ方は、虎口ａにくらべて、ちょっと古手の感じがあるね。

昇太　虎口ｂに城道《しろみち》はありますか？

齋藤　土塁沿いを歩かせるみたいで、石がステップになってる。

中井　虎口ｂも土塁があって、枡形の空間になってはいるな。

齋藤　最初に虎口ｂを使って、後から虎口ａに開け直したんじゃない。そんな話をむかし、

③虎口ａに残るステップ石

④虎口ａの仕切り土塁残欠

したような記憶がある。

中井　そうだと思いますよ。

齋藤　虎口ｂの通路沿いもずっと石があるね。

中井　岩盤はそのまま鏡石にして、それ以外は全部、積んどるね（⑥）。

昇太　通路沿いもずっと石なんだ。下から登ってくると（⑤）、左折れ・右折れさせて、虎口に入るまでは、石の面がずっと見えるってことですね。

齋藤　そうですね。

昇太　内枡形１に入って、山頂に向かう通路にも石列があるけど、ステップですね（⑧）。

中井　ステップですね。

昇太　通路の横にあるテラスは枡形ですか？

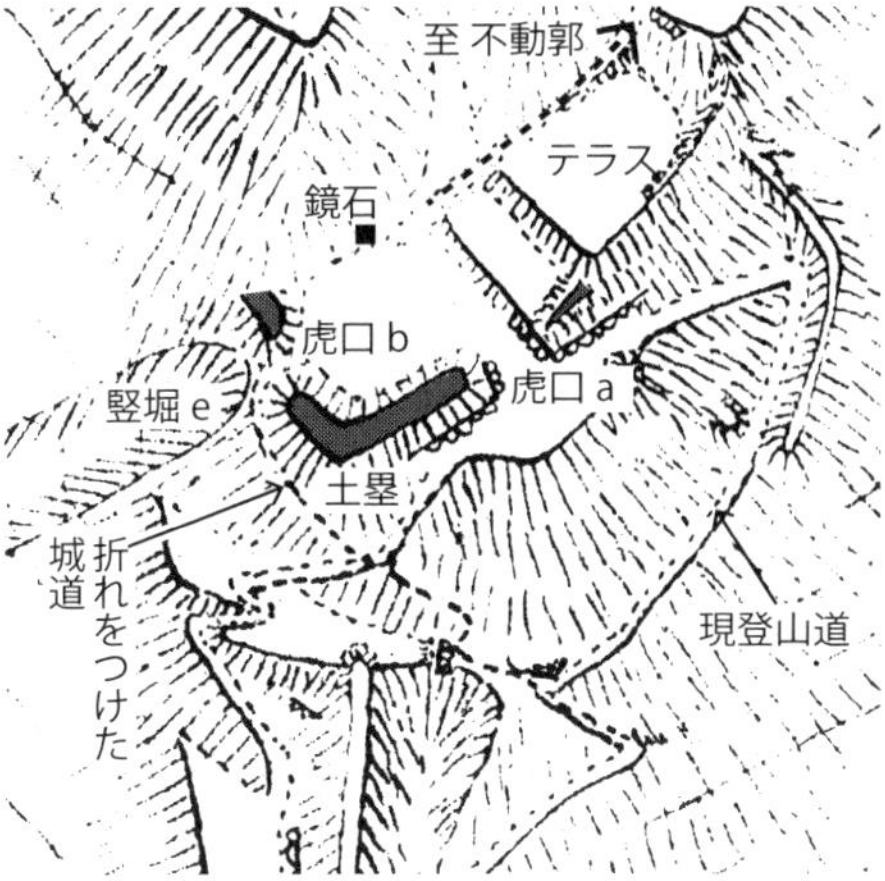

⑤内枡形１周辺の拡大図

⑥虎口ｂの通路沿いにある岩盤と石垣

⑧山頂に向かう通路沿いにもステップ

⑦内枡形１の広い空間

齋藤　いや、階段状の郭を二つ配置しているだけだね。この通路を真っすぐあがっていくと不動郭《ふどうぐるわ》に行くんです。

昇太　この郭にだけ名前が付いてるんだ。へぇ～。

齋藤　まずは、上にあがっちゃいましょう。途中の坂道にも石段があるな。

昇太　この石段も生きてるんですか？

中井　武田時代かどうかは別にして、ルートとしては生きているでしょう。石段自体は後世に置き直したのかもしれんけど。

昇太　うぉっ！　すげっ！　また枡形だ。

中井　この内枡形２の造り方も躑躅ヶ崎と全く同じですね⑨。

昇太　ほんとだ、そっくり。

齋藤　入隅の石の積み方も躑躅ヶ崎といっしょだね。

昇太　同じ職人に発注したとか。

齋藤　石の使い方も同じだしね⑩。

中井　枡形の内にも石垣があるな。

齋藤　仕切り土塁の袖に石垣を造ったようだね。下の内枡形１と同じで、どう内枡形を設計するか、ということだね。

中井　内枡形だけど、後から取って付けたような、入隅のある石垣が印象的ですよ。

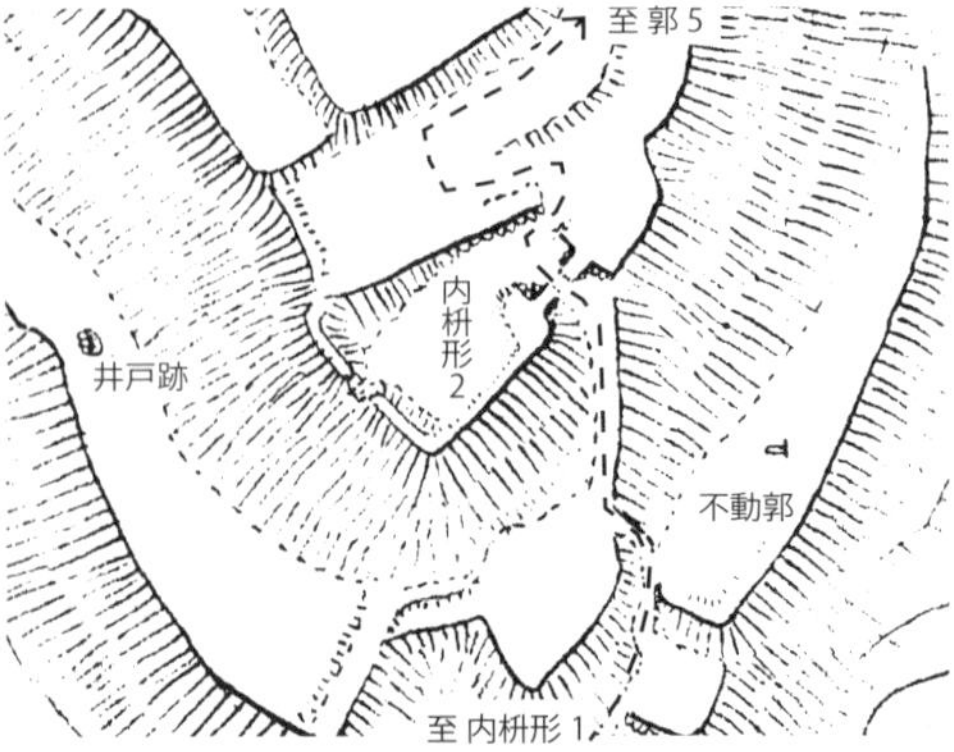

⑨内枡形２周辺拡大図

⑩内枡形２の石垣

守護家には根小屋・詰城のセット関係がない

昇太　なんでこんなに改修するんだろう？

中井　武田氏が滅亡した後も、詰城《つめじろ》*としての機能を要害山に求めたんでしょう。

（詰城：山の上に築いて避難や立て籠もるときに使う。居住性に乏しい場合が多い）

昇太　でも詰城のわりには、躑躅ヶ崎から遠いですね⑪。

中井　要害山を造るときに、どう意識したか。武田信虎《のぶとら》が要害山を造るのは躑躅ヶ崎と同時期ですか？

齋藤　躑躅ヶ崎の一年後（一五二〇年）に要害山を築城した記録（高白斎記《こうはくさいき》）があるね。

中井　ということは、躑躅ヶ崎を造るとき、最初から要害山を詰城にすることを考えていたんですか？

齋藤　ほぼ同時に造っているのは間違いないけど、要害山を維持していた感じがないんですよ。

中井　詰城と館をセット関係で考えると、最初から詰城の麓《ふもと》に館があるね。要害山の麓にも根小屋《ねごや》*地名があったから不思議だったんだけど、躑躅ヶ崎が根小屋だとすると、師匠が言ったように距離的に離れているじゃないですか。（根小屋：山の麓にある居住空間をいう）

齋藤　守護家《しゅごけ》は館をもつけど、詰城は持ってないよね。

中井　ないね。

齋藤　でしょ。根小屋・詰城の意識ではないと思うんです。現代人が詰城と呼んでいるか

⑪要害山と躑躅ヶ崎の位置関係
○囲みの甲府市上積翠寺町内に小字・根小屋がある。

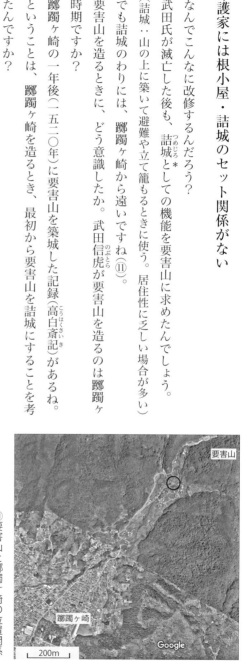

ら、根小屋＋詰城の設計のもとにできているようなイメージをもっているだけですよ。

中井　確かに大内《おおうち》氏（周防《すおう》国の守護家）もそうだな。大内義長《よしなが》が高嶺城《こうのみねじょう》（山口県）を築くのは、毛利《もうり》元就《もとなり》が攻めてくるときで、大内氏は滅亡直前の弘治《こうじ》二年（一五五六）に造るんです。大内氏の館と高嶺城もちょっと離れているんで、最初からセット関係は考えてない。

昇太　セットというより、別々に単体があって、あとから現代人がセット関係だと思い込んでいるということですね。

齋藤　そうそう。現代人が詰城と呼んでいるだけじゃないのかな。

中井　守護はやはり守護館《しゅごやかた》。

齋藤　そうだと思う。信虎の後に要害山が史料に出てくるのは、武田勝頼《かつより》のときです。天《てん》正《しょう》三年（一五七五）の長篠《ながしの》合戦で織田《おだ》信長《のぶなが》に負けて、そのあと要害山を天正四年（一五七六）に改修しようとしているのです。織田氏が攻めてくるというので勝頼は要害山をテコ入れしようとしたけど、でも途中でやめて天正九年（一五八一）に新府《しんぷ》に行っちゃう。要害山ではダメだという意識があったからでしょう。たぶん小さかったんだと思う。

昇太　なるほど。ふんふん。

中井　おもしろいな。そういうことね。でも織豊期には詰城にしようとしているわけね。

齋藤　だけど新府は使いきれないから、躑躅ヶ崎に戻ってしまう。要害山は武田滅亡後に枡形《ますがた》虎口《こぐち》に造り変えたと思うけど、主郭が狭かったのでしょう。

昇太　要害山で枡形を造らされている人たちも、「ほんとに、ここに城を造るのか！」って思ったろうね。「ほら、やっぱ、ムダになったじゃん！」とか言って。（笑）

中井　「え、もう躑躅ヶ崎に戻るの！　ここまでやったのにぃ」。

昇太　「だから最初からムダって言ったのにー」（一同爆笑）

武田時代の虎口とルートの付替え

中井　〔小芝居しながらの道すがら…〕　内枡形2から登っていくあたりの城道《しろみち》はフックとターンの造り方で⑭、豊臣の但馬竹田城《たじまたけだじょう》（兵庫県）みたいに、なんというかセコいやり方。

齋藤　でも郭5に上がる虎口a⑫はしっかりしているよ。

中井　おっ！　虎口を土橋《どばし》状にしとる。

齋藤　土橋状にして、ステップを置いた斜路《しゃろ》になってるね。そしてまっすぐに平入《ひらい》りさせている。ストレートに石段を上げるような虎口の造り方は、戦国の山城にはたまにあるけど、近世にはないんだよ。

昇太　へぇ〜、そうなんだ。この虎口aのまわりにも石を貼ってますね。武田の頃の虎口に石を貼ったんですか？

齋藤　そんな気がする。城造りには、象徴的な門をどこに造るのかが、大きな意味があるから、今まで見た二つの枡形はかなり象徴的な門で、織豊段階は枡形門を大事にしていたんだね。

昇太　虎口aは武田？

齋藤　という気がする。枡形ではなくて、平入りの虎口だし。

昇太　体裁よく武田時代の門のところに、石垣を貼ったということですね。

⑫郭5に入る平入りの虎口a

齋藤　かなぁって……

中井　改修時に石を貼るんだな。〔しばらくまわりを探さく中…〕

齋藤　おっ、すごいよ。虎口bにはセットバックの石垣（⑬）があるよ。

中井・昇太　うぉっ、ほんとだ！

中井　この虎口bの真上に櫓台《やぐらだい》があってもおかしくないな（⑭）。

齋藤　虎口bの前にあるテラスは内枡形の発想に近いね。内枡形2からの折れをもたせた通路と連続させて、ここに上がらせるんだよ（図⑭のルートB）。

中井　それは改修でしょ。

齋藤　たぶん。

中井　内枡形2の門を出て、右に折れて、左に折れて、また右に折れさせているわけね。

昇太　武田時代のルートはどうなっていたんだろう？

齋藤　どういうふうに道をつけていたかね。虎口bの先にも虎口らしいのがあるな。

中井　これは虎口cでしょう。

齋藤　だよね。この虎口cの先は斜面が急だから、かけ橋*を付けたのかな。この道がどこにつながっているか？
（かけ橋：きつい斜面に造る簡易な木橋状の道）

中井　細い道だけど法面《のりめん》を石で決めとるね。

齋藤　かけ橋ではなくて、もともとあった地べたの通路が崩れたのかもしれないね。すごく細い道だな。

⑬虎口bの平たい石を使ったセットバック石垣

中井　これはいい城道ですよ。

齋藤　ちょっと先まで見てきます〔一人でしばしヤブコギ〕ヤブで奥まで行けなかったけど、この細い道はどうやら内枡形2に向かわず、その外側に行くようだよ。もしかしたら不動郭とつながっているかもね（図⑭のルートA）。ということは、大きく道を付け替えたってことだな（ルートAからBへ）。そのほうが郭5からの見通しもいいしね。

中井　内枡形2から虎口bまでは、郭面《くるわめん》の確保より、城道をいかに折り曲げて主郭まで行《い》かすかという問題ですね。

齋藤　そうでしょう。

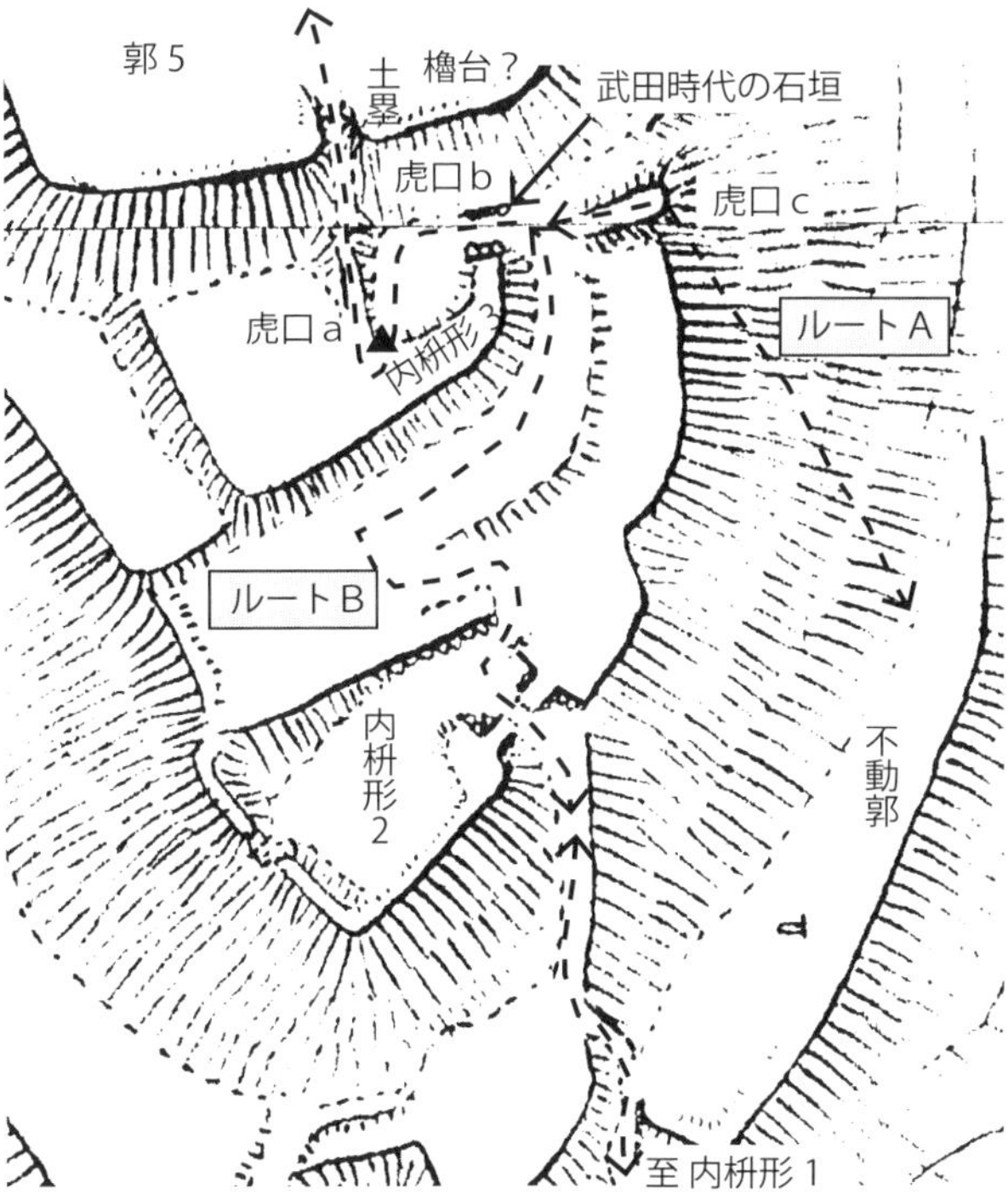

⑭郭5へのルートの付け替え想定図

昇太　折り曲げて行かそうとするルートが改修時のお仕事、ってことですか。

齋藤・中井　そうです。

中井　それにしても、虎口aのまわりにある石垣は、きちんと整備してほしいなぁ。

昇太　このあたりもずっと石垣だったんですね。

中井　壁の石が崩れて下にバラバラ落ちとるでしょう。ちょうど櫓台の真下だから、壁面が石垣であっても全然問題ない。虎口bの通路の石はステップで生きているんでしょうね。

武田時代の石垣と枡形の増設

齋藤　生きているでしょう。でもこの虎口bの石垣は古いよ。これまで見ていたのと石が違うね。

中井　長野県の松本周辺にある林小城《はやしこじょう》や山家城《やまがじょう》（⑮）、桐原城《きりはらじょう》なんかの石垣と似てますな。

齋藤　武田氏の石垣でいいかもしれない。

中井　そうすると、細い城道（ルートA）は武田氏が使っていた道になるな。

齋藤　そうかもね。虎口bの通路（⑯）にはステップ石もあるし、傾斜もきつくて細い道だし、壁面の石垣はセットバックになっているから、武田時代のルートと考えてもいいね。

中井　石垣を組むのに平たい石を横積みに置くのは古手だしね。

齋藤　そうそう。石は少し大きいサイズだけどね。

中井　目地《めじ》を通す意識はあるね。松本周辺の石垣は、天正壬午《てんしょうじんご》の乱《らん》（一五八二年）のあとに徳川氏が入ってから造ったという説もあるけど、徳川氏はその頃には石垣を造らないの

⑮山家城（長野県松本市）の石垣

⑯虎口bの両側に石垣。奥が虎口c

で、ぼくは小笠原氏《おがさわら》(信濃国の守護家)でいいと思っています。平たい石を積んだ石垣を武田氏が造っても、ぼくはいいと思う。

齋藤　同じような平たい石を使う小倉城《おぐらじょう》(埼玉県)の石垣⑰も、戦国時代のなかでは古手だから。

昇太　獅子吼城《ししくじょう》(山梨県北杜市須玉町)も平たい石を使うけど、積んだのは同じ人たちなのですか？

齋藤　同じかもしれないね。獅子吼城の石垣は年代不明ですけど。

中井　武田氏の石垣がわかると、すごくおもしろいのにねぇ。

昇太　ほんとですよ。

――ところで虎口aと虎口bは、どうつながるの？

齋藤　虎口bから上がる道は、幅も半間《はんげん》(約九〇センチ)くらいで狭くて、一直線に虎口aの壁にぶつけているね。虎口aのスロープを降りきった一番端っこに段差の痕があるから、ここを通すのかな(図⑭の▲印)。

中井　そこをあげるしかないでしょうね。

齋藤　無理やり付けている感があるね。でもこうやってみると、やっぱりこのテラスは内枡形だよ。

中井　そうだね。この内枡形(3)はもともとあった郭を削ってない？　土塁をまわしてない？　内枡形にしようと、取って付けたみたい。

齋藤　そうか！　もともとの虎口を活かしながら内枡形の空間に改修したと。なるほど。

⑰小倉城(埼玉県小川町)の石垣

昇太　枡形好きだなぁ。
齋藤　大好き。枡形の規格を使って、応用しながらあちこちに造ってるんだね。
昇太　虎口ａのスロープ脇にも石は積んでますね。
中井　本来、土で造る戦国の山城で石は貼らないでしょ。だから、この石垣は全部、枡形に改修するときに貼ったんじゃないかな。
齋藤　スロープにある石垣はそうだね。
昇太　スロープを上がりきった両サイドは岩盤《がんばん》ですよ。
中井　岩盤を使っているけど、石垣を組んでいるところもあるね。
齋藤　石材は小さい石だね⑱。岩盤を使っているところが武田氏の時代で、後から袖に石を貼っているのかな。
中井　そうでしょう。きっと。
齋藤　岩盤だからオリジナルが残るんだな。中井さん、すごいよ。山城なのに虎口ａを出たところに土塁がある⑲。
中井　この土塁はいいねぇ〜。本田図は遠慮気味だけど、もっとしっかりしとる。
齋藤　武田時代は平入りの虎口ａで、この土塁も武田なのかねぇ。
中井　でしょう。
齋藤　ここからそのまま真っ直ぐに郭４に行くスロープの石段は近代になって付けたようだね（図⑲には描かれていない）。
中井　この石段は新しいな。

⑱虎口ａのスロープ脇にある岩盤と石垣

ここは倭城か但馬竹田城か

齋藤　〔郭5から郭4に登っていくと…〕、郭4の端に落ち込みがあるね。ここが虎口だな。

中井　ですね。郭4は馬出状じゃないですか⑲。グルっと右手に行かせて、真正面からは上がらせない。しかもその後ろにすごい竪堀dを入れている。

昇太　武田時代のルートと同じで、細い道をまわさせるんですね。

中井　そう。この道は武田時代のルートを活かしながら、織豊の改修で少し幅を広げたんだろうな⑳。

齋藤　でしょうね。郭3から郭2までの枡形の連続はすごいね。織豊期の改修だよ。

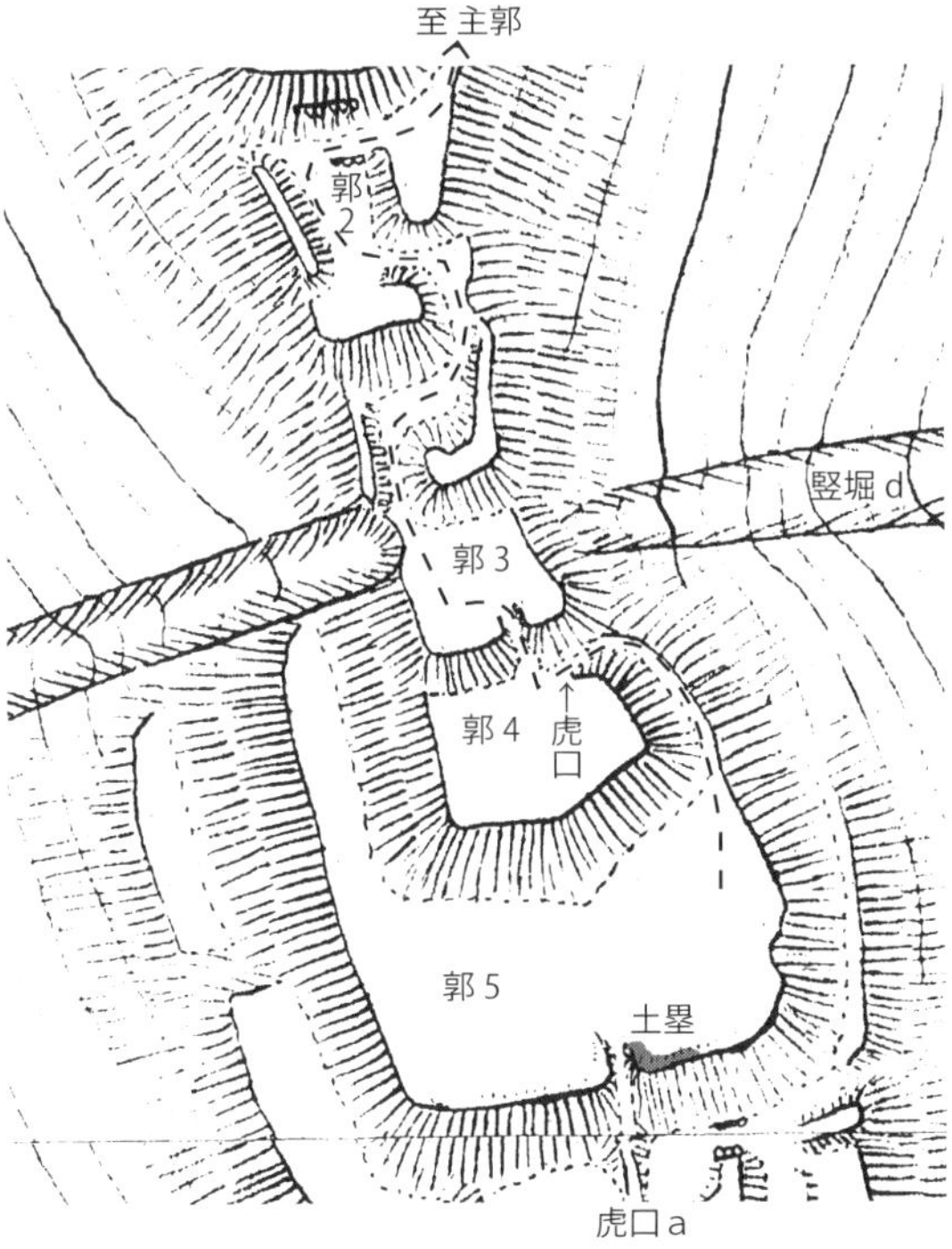

⑲郭3から郭2までの連続枡形

⑳郭4に至る城道

中井　そうでしょう。
齋藤　郭2の正面には石を貼っているね。セットバックしている石垣もあるな。一五九〇年代の城造りは意識して見直さないとダメだな。
中井　すげーな。郭2は真正面に大きな壁を造って。圧巻やな㉑。
齋藤　土の城から石垣の城に移り変わる過程が、眼の前に見えているという感じだね。西国だと一気に変わるから要害山のような例はないね。
中井　ないない！　このあたりも石があるじゃないですか。今まで以上に総石垣の姿になるんじゃないの。
昇太　部分使いじゃなく、壁面に全部貼ってますね。
齋藤　郭2は内枡形だよな。切岸は岩盤を見せてますね（⑲参照）。
中井　今までは門のところだけに石垣があるっていうイメージだったけどね。
齋藤　この造りは戦国じゃないね。
中井　このあり方は但馬竹田城や！　北千畳《きたせんじょう》から上がる武者溜《むしゃだま》りのところですよ。明らかに改修です。
昇太　郭2の内側は全部石垣。総石垣の要害山、すごーい！（㉒）
中井　躑躅ヶ崎では豊臣色《とよとみしょく》が濃い話になったから、要害山で武田色を出そうと思ったけど、もろくも崩れてしもうた。武田の本にならんかもしれん。（一同爆笑）
齋藤　石の使い方に差がありそうだよ。高さのあるちょっと大きめの石を使うのが改修だとか、武田の城と言っているのもこうしてナゾ解きをすると、新しい面も見えてくるから、

㉑奥に見えるのが郭２の正面にある壁

㉒郭２の壁にはられた石垣の痕跡

それはそれでおもしろいんじゃない。

中井　武田氏は強かっただけにね。ナゾ解きしていかんと読者に申し訳ない。

齋藤　郭3からの連続枡形の造り方は近世城郭だね。あともう少しで慶長期《けいちょう》の感じがする。

中井　倭城《わじょう》ですよ。西生浦城（ソセンポ）の中腹も同じ造り方をしてるじゃないですか。

齋藤　そうだね。

昇太　なんかもうずっと、延々と曲げて折れての繰り返しです。

中井　この空間は郭ではなく、とにかく枡形空間を繰り返し置いとるんですね。

齋藤　村田*さんが言ってなかった？　L字に前に突き出している虎口は豊臣系の特徴と。

（村田修三：大阪大学名誉教授・中世史家、城郭史研究の先達者）

中井　くちばし状虎口ね。一番初期の村田さんの考え方で、虎口に対してくちばしのように出っ張っているタイプね。

齋藤　要害山もそうだよ。折れを重ねている。

中井　なおかつ、壁面は石垣！

隠し郭と足場用の帯郭

齋藤　本田図にはないけど、主郭に上がる道の反対側にも門が付いているね㉓。どこに行くのか確かめてみますか。

中井　そうね。主郭の側面にも石垣があるかもしれん。

昇太　わっ！　また石垣。

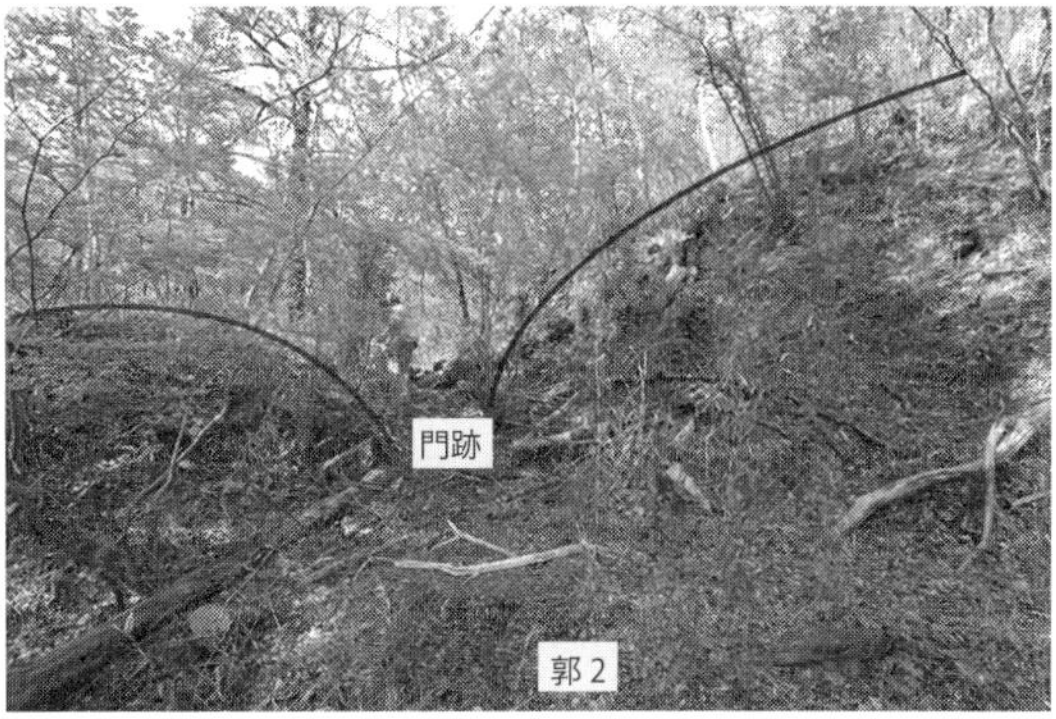

㉓主郭に向かう道の反対側にも門跡

中井　古そうな石垣㉔もあるぞ！　武田ではないかという積み方や！

齋藤　なんでこんな場所に石を積むんだろう。

中井　石もデカい！　下に落ちているのも崩落じゃないですか。

昇太　ここに石垣があった、ってことですか？

中井　本田図には描いてないけど、千田*さんの図㉕にあるね。土塁から下に降りた先にテラスが一段あるわけね。おもしろいですな。（千田嘉博：奈良大学教授・考古学）

齋藤　どういうことだろうね。このテラスに降りるための虎口なのかね。

昇太　なんで降りたいんですか？

齋藤　尾根だからでしょう。郭の肩部は落ちているけど、ここは小さな尾根に対して、郭を造りたかったんだろうな。

昇太　ルートがあるってことですか？

齋藤　監視するためでしょう。登ってこられるとイヤだから。しっかりした道をつけていないのも、ハシゴで行き来するんだろうな。その程度だと思うけど、それにしてはしっかりした門を造っているんだよね。

昇太　石垣もすごい立派じゃないですか。これはなんだろう？

齋藤　なんだろうねぇ……　このテラスは隠《かく》し郭《ぐるわ》じゃない？　中井さんの大好きな大坂城の隠し郭と似た構造じゃないですか。

——どういうこと？

齋藤　主郭正面の道は別にあって、このテラスに人を溜《た》めておいて背後から襲《おそ》えるように

㉔郭２の反対側にあるテラスの石垣

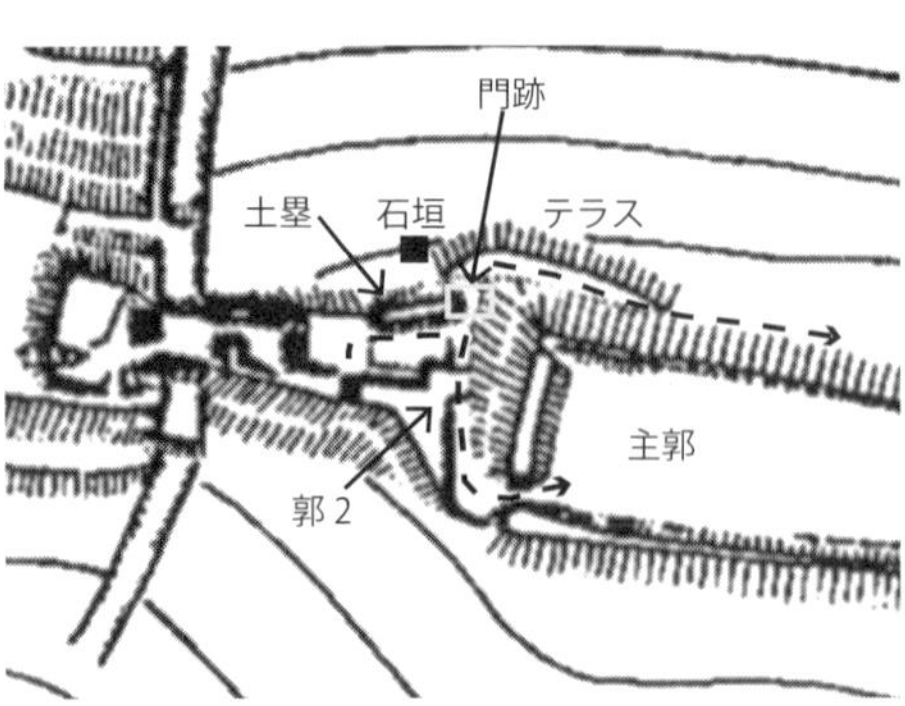

㉕本田図にはないテラスの位置

する工夫ってやつ。

中井　隠し郭ね。そうすると土塁の脇に口を開けた虎口は、主郭に対してじゃなく、テラスに対して開いているのか。

齋藤　ちょうど斜面になって郭2からは見えないから、そうなんだろうね。本田図にないからもっと先まで行ってみますか。

中井　主郭に行けたりできないかな。わりとしっかりした道が付いているしね。〔ザクザクとしばし歩くと…〕　おいおい、主郭の側面には全部、石を貼っとるぞ。下に転がっている石は落ちた石材や。

昇太　これじゃあ、主郭の壁はみんな石垣ってことですか！（㉖）

中井　主郭の外まわりは石垣だろうな。もう先に道はないから戻りましょう。主郭の壁も石垣だったのは驚きやね。この帯状の細い道は石垣を貼るために造ったんじゃないの。この急斜面ではおそらく石は積めないから、足場のために帯郭《おびぐるわ》を造って、石垣を組んだんだな。

昇太　石垣の面を外に見せたいってことですか。

齋藤　要害山の北側には、道が通ってますからね。

中井　武田色が全くなくなってきたぞ。

昇太　どうしましょ。（一同爆笑）

主郭の壁はみんな石垣ってことですか！
この壁面に石垣
帯郭

㉖足場のための帯郭　壁面には石垣

主郭は武田時代

昇太　主郭にあがる道も右まわしで、ずっと同じ風景ですね。

齋藤　主郭に入る虎口ａは小さいね㉗。

中井　虎口ａは、竪石《たていし》を積んで、横石《よこいし》を積んで、「石つき之もの共」の仕事やね。

齋藤　石の積み方もきれいだよ。

中井　この石垣は武田でしょう。

齋藤　ですね、石垣もセットバックしているし。

中井　主郭の表玄関が虎口ａで、奥の出入り口が虎口ｂだな㉘。

齋藤　そうだね。

昇太　武田だと虎口はこれくらいのサイズですか？

中井　小さいのは武田氏の虎口でしょう。「ここから主郭ですよ」という象徴的な入口。郭の端《はし》に少し斜めに虎口を造るのは武田氏のテクニックだろうな。

齋藤　通路幅も半間《はんげん》（約九〇センチ）だよ。狭い。

中井　ものすごく狭い。この通路幅で門があったんでしょうな。

齋藤　主郭に入る虎口ａの直前も、真っ直ぐ入れさせずに、壁を当てて、左直角に曲げている㉘。

中井　ちゃんと工夫しとるね。主郭の虎口は武田で決まりでしょう。

昇太　主郭の虎口はなんで改修しなかったんだろう？

㉗主郭の虎口ａにある石垣

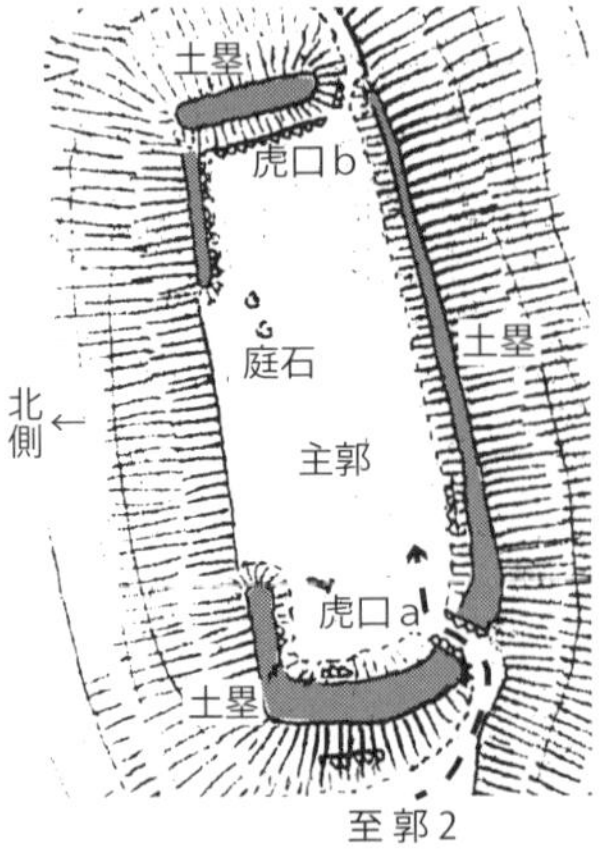

㉘主郭拡大図

齋藤　そうなんだよ。あちこち立派に造り変えているのにね。
中井　不思議ですなぁ…　〔しばし黙考、主郭の中を歩きまわる三人〕
昇太　デッカい主郭だなぁ、主郭の土塁もずっと石垣を貼っているんですね㉙。
中井　べたーっと貼っとるね。
昇太　不思議なんですけど、主郭の北側にだけ土塁がないんです㉘。北の方から何かを見せようとしていたのですか？
齋藤　むしろ逆で、全国的にみても戦国の山城には土塁がないんですよ。なぜ南側にも土塁があるのかが、不思議です。
昇太　あっ、なぜ土塁があるのか？　なるほど！
齋藤　東・西に土塁㉚があるのはわかるんですよ。虎口があるから。
中井　山城の中で四方を土塁で囲むのは実はあまりない。戦国の山城は両端とか一方だけとか、正面を示すかたちで土塁があるね。小谷城《おだにじょう》（滋賀県）も京極丸《きょうごくまる》は一方向にしか土塁を造らないのです。きれいに三方は土塁がない。
昇太　なんで土塁を全部まわさないのかな？　なぜでしょう？
齋藤　ねぇ……、不思議ですねぇ。
昇太　建物を見せたかった、とか。
齋藤　それはあるかもしれないね。
中井　主郭の北面には多聞櫓《たもんやぐら》が建っていたのかもよ。
齋藤　そうかもね。

㉙主郭内の石垣

㉚主郭の虎口ａまわりにある土塁

――土塁の上は板塀《いたべい》程度ですか？
齋藤　一般向けのお城の鳥瞰図《ちょうかんず》を描いている人たちのイメージでは、土塁の上に必ず板壁や柵を描くけど、発掘しても何も出ないんだよ。
中井　土塁の上から柵列《さくれつ》が出た事例は、ない！
齋藤　ということは、土塁のみの土壁ですよ。その可能性が高いと最近思っていて。
中井　ぼくもそう思う。戦争になったら盾《たて》を並べることはあるけど、土塁は恒常的に柵や板塀はもっていない。
齋藤　そうそう。土塁の下を発掘したら柱穴《はしらあな》がよく出るよね。柵の代わりに土塁を盛るように変わるんです。
中井　南側の土塁が武田時代なのか改修後なのかわからんけど、主郭には庭石(31)もあるから、枯山水《かれさんすい》のお庭付き会所《かいしょ》*が建っていたんだな。
（会所：領主の私的な建物として宴会などに使われる。公的な用向きで使う建物は主殿）
昇太　この庭石は武田のみなさんが愛《め》でたやつ。
中井　その後も愛でているかもしれんね。この主郭の広さがあれば、居住空間があってもいいな。武田信玄がこの要害山で産まれたって伝わるのもわかるわ。
――土塁は北側が切れているから、枯山水のお庭は南側から愛でるのかな。
齋藤　主郭には礎石《そせき》の痕跡はあまり見えないね。排水溝《はいすいこう》の石列らしきものは見えるけど。
中井　建物の向きはなんとも言えないけど、小谷城の大広間くらいあるかな。
齋藤　そこまで大きくはないけどね。

(31)主郭の庭石

(32)主郭 虎口bの石垣　平たい石を使う

中井　奥に向かう虎口bの石垣㉜はきれいに残っとるね。

齋藤　虎口aより残りがいいよ。しかも扁平《へんぺい》な石を使っている。武田だよ。

竪堀に石垣を組むって？？

昇太　うわっー、竪堀に石垣㉝！　すっごい、きれいだなぁ。でも、とっても新しい香りがしますけどぉ。

〔主郭の虎口bを降りていくと、そこには土橋と……〕

——主郭の虎口と土橋に連動する竪堀なら、武田氏の仕事になるの？

昇太　竪堀aの石垣がですか？

中井　改修じゃないの。でもこの造り方自体㉞は、武田時代にあってもいいと思うんですよ。この郭2は馬出でしょ。彦根城《ひこねじょう》の西の丸の出郭《でぐるわ》といっしょなんです。郭の一番端に土橋を付けて、やや台形の馬出状の郭をつくるのは甲州流といわれるけど、なるほどなって感じがする。郭の高さも主郭と郭2は圧倒的に主郭が高いしね。主郭の壁面も石垣だったんだろうな。

昇太　主郭の壁面に石がチラホラ見えますよ。

中井　ホンマやね。おっ、竪堀aにも平たい石を使っとるぞ！

齋藤　平たい石があるでしょ。記憶がよみがえってきたよ。

中井　これは武田でも織豊期の改修でも、どっちでもええわ。

昇太　どっちでもいいって？

㉝少しだけ平たい石も使う竪堀ａの石垣

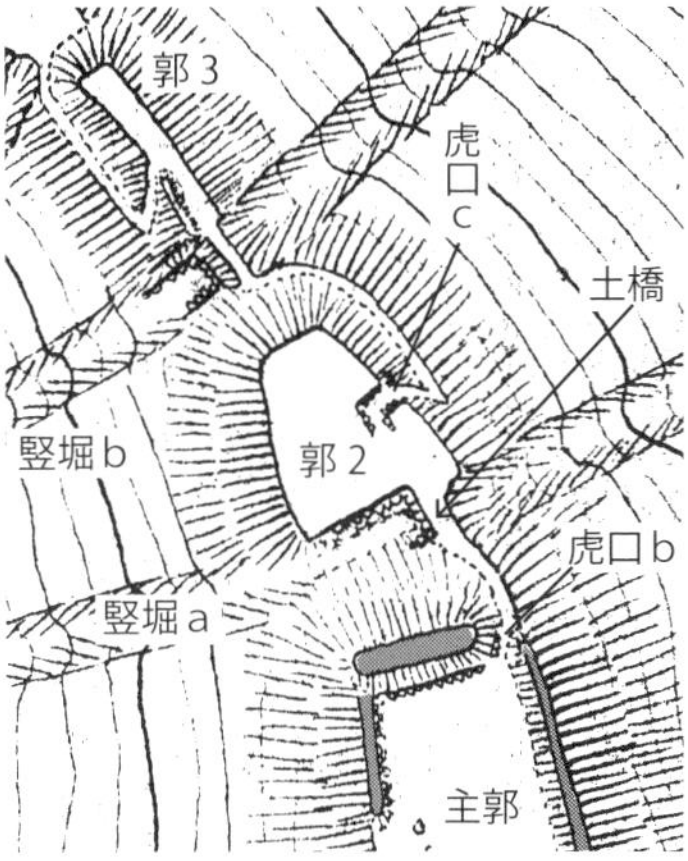

㉞郭２と竪堀ａの位置関係

中井　どっちでもアリちゃう？（一同爆笑）むずかしいなこれは！
昇太　武田が竪堀に石を積んだとすると、ほかにも武田が積んだんじゃないかという石垣は、いっぱい出てきますね。
中井　そうですね。確かにこの石の大きさは、虎口bの扁平な石とは違いますね。
齋藤　ちょっとね。少しだけ平たい石を使っているので、とっても微妙……
昇太　山にある石を利用するから、むずかしいですね。平たい石があっても、山にあるから使ったってことだろうし。
齋藤　そうだね。平たい石は積みやすいけど、高く積めずに、かつなにやら稚拙に見えるでしょ。織豊期の初めの頃は、石垣の表面にある石材には高さのあるものが使われているんです。ここの差が大きい。高さはあるけど石材の大きさがととのっていないので、横目地がとおらない。その分だけ粗雑感があるけど、迫力は増します。この差を意識しているんだけど、要害山のこの石垣は微妙ですね。
——　なるほど、石の使い方でわかるんですね。ある程度の時代が。
齋藤　いやぁ、でもこの景色はいいなぁ〜。
昇太　堀と土橋の組み合わせ㉟、カッコいいですよ。すごくお城っぽい。

竪堀に石垣を組むって？　再び

〔郭2の先端に立って下をながめてみれば……〕（図㉞参照）
昇太　すっごくカッコいいー。これはカッコいいー！（㊱）

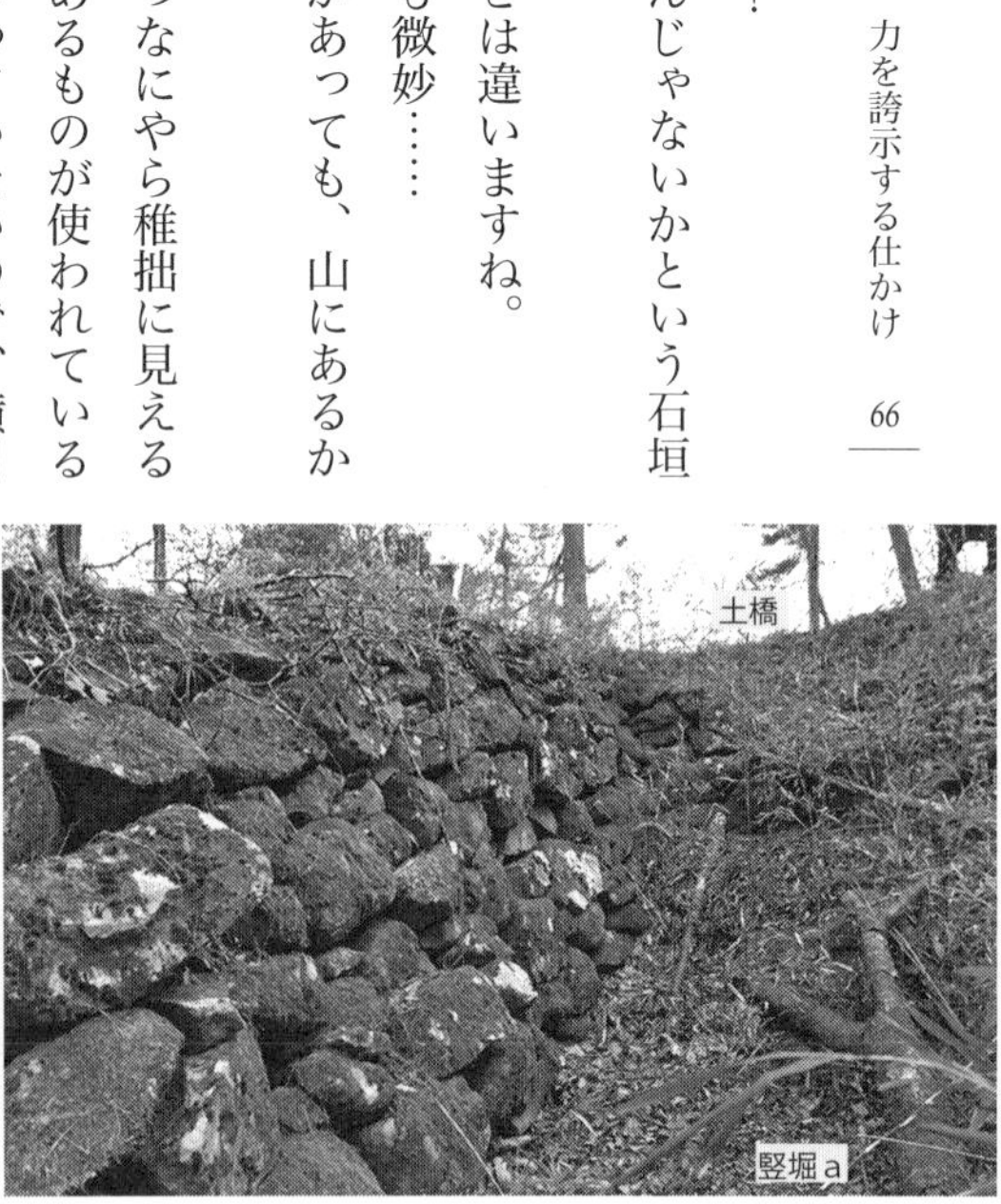

㉟竪堀と土橋の組み合わせ

㊱郭２の先端から見通す城道

齋藤　絵に描いたような景色だね。

昇太　こりゃすげーや。先の道はちょっと曲げてるんですね。やらしいことすんなぁ。

中井　ここで感動する人は、そういないと思いますけど。（一同爆笑）　郭2は右まわりで行かすんですね（図㉞参照）。

齋藤　この虎口cは、小さい石をきちんと貼って出入口を造ってるね㊲。改修だろうな。

中井　虎口cは内枡形状にしとるね。

齋藤　道幅の半分に石のラインをつけるとか、それくらいの改修だろうね。

中井　郭2には正面から入れないように改修しているんでしょう。

昇太　柵ですか？

齋藤　そうでしょう。

昇太　塀とか柵とかで、道幅を半分制限したんですね。

中井　板塀はあってもおかしくないね㊳。虎口cを上がったら柵か塀で前には行けず、主郭の方にしか進めないから、主郭の横矢でやられるということでしょ。これはよく考えとる。

昇太　右には動けないですもんね、狭いから。なるほどな。

齋藤　虎口cには石段のステップがあるな。虎口を降りてすぐ右側にでっかい石があって角にぶつけているから、見せているんでしょう。

昇太　道沿いにずっと石がありますね。

齋藤　道に沿って石を積んで、道を出たところの竪堀と土橋がまたいいね。竪堀bにも石

㊲郭２の虎口ｃ

㊳虎口ｃまわりの工夫

垣がしっかり組まれているな。
昇太　なんでこんな細かいことするんだろう？　削れちゃうから？　土留《どどめ》ですか？
中井　土留でしょう。土橋が壊れないように保《も》たせたんやろうね。竪堀bの石垣は扁平石を使ってるな。
齋藤　すごいね。これ。
中井　大きな石㊴を貼ってますよ。いやぁ、松本っぽい。
昇太　うわぁ、すごい、すごい。
中井　ここまで造るのは、土橋より竪堀を崩したくなかったんでしょうね。
昇太　手の込んだことをしてんなぁ。それとも竪堀から上がって来る人のことも考えているんですか？
齋藤　この崖は上がって来れないから、竪堀の壁を維持したいのでしょう。
中井　土橋だけでもいいのに、竪堀の斜面まで石垣にするのは、すげーな。下に落ちている石も全部、もともと貼ってあった石でしょうし。
昇太　ものすごい短い登り石垣みたいな感じ。（一同爆笑）
中井　郭2の壁にもすごい石があるな。
昇太　全部貼っていたんでしょうね。石があちこちに見えますもんね。
齋藤　土橋の下の石垣㊵がとにかくすごい。きっちり組んでいる。
中井　隅角《すみかど》はないかもしれんけど、竪堀の壁面全部に石垣をまわしとる。
昇太　どんだけ石垣のお城なんだ！　こんな細かいところまで石垣を積むなんて。他に例

㊴竪堀ｂの側面にある石垣

㊵竪堀ｂの土塁下にある石垣

はあるんですか？

中井　松本の虚空蔵山城《こくうぞうさんじょう》は、竪堀の片面全部に石を貼っていたね。排水も考えないとダメだという説もあるけど、排水のためにここまでするかな？　壁面の保護だと思うけど。

昇太　郭3はまたすごく狭いですねぇ（㊶）。

中井　竪堀bで道幅を狭めた土橋にして、郭3のところで通路を曲げてるんですね。

齋藤　この屈曲部《くっきょくぶ》は門ですね。郭3から見る連続竪堀もすごいなぁ。

昇太　うおぉぉーー、いいなぁ～

齋藤　郭3からの細い道を歩かせて、そのどんつきにあるのが郭5だね。

中井　小さな郭5は監視用ですな。

昇太　そうですね。わぁ～、郭5から見るこの景色はいいなぁ。いい銃座《じゅうざ》ですよ。真正面の土橋を見通してる（㊷）。

齋藤　郭5が城の端《はし》っこだね。高低差もけっこうあるな。こうして歩くと、城の背面になる主郭より東側はスケールが小さいよ。道も細いしね。これはおもしろいな。

中井　すばらしい。郭5は武田でいいですか？

齋藤　城道も幅が狭くて、郭の基準となる尺《しゃく》も短いものを使ってそうだから、内枡形を一生懸命に造っていた城の正面側とは、時代が違うのかなという印象をもつよね。武田氏なんだろうな。

㊷郭5の壁を土橋から

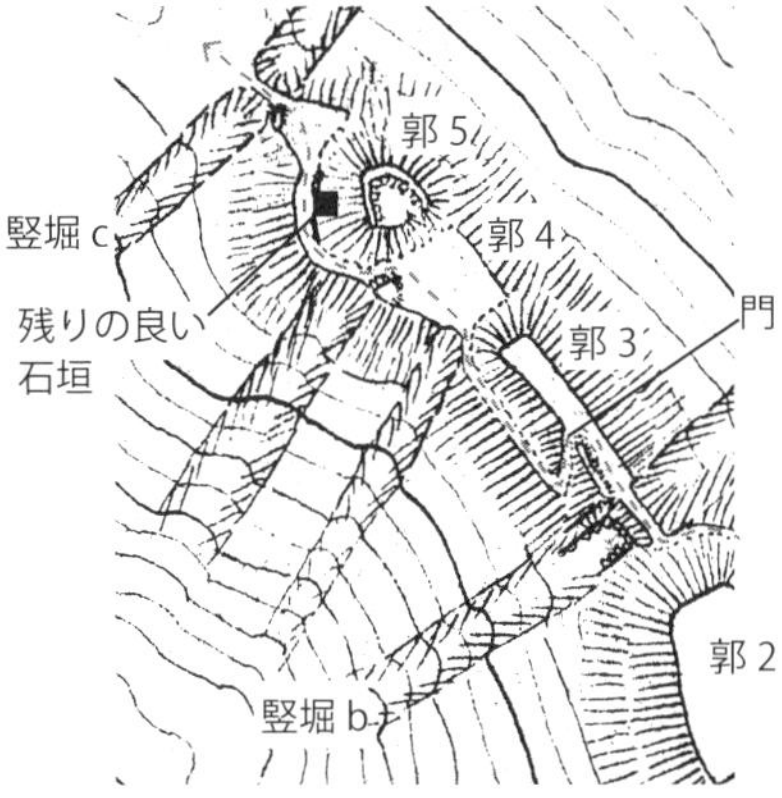

㊶郭3から郭5までの拡大図

荒々しい石垣を垂直に積むのは武田氏

昇太　うわっ！　郭5の下は通路沿いに石が貼ってある(㊸)。

齋藤　壁面の腰だけに石を貼ってるね。この荒々しい石の使い方は織豊じゃないね。

中井　この石垣は武田でしょう。

齋藤　そうでしょう。

中井　積み方も垂直だから武田でよいと思います。

齋藤　ということは、かなり武田氏のプランが残っているんだよ。

中井　主郭の後ろ側(東)は、ほとんど武田氏じゃないですか。

齋藤　そうだね。城の正面の方(図①の内枡形1の外壁)にもこの手の石垣(㊹)があったじゃないですか。

中井　もとのままを活かしながらの改修じゃないの。要害山で大々的に縄張りを変えることはできないから、象徴的な枡形の門に改修したんじゃないの。

齋藤　もとに戻りましたね。門だけ改修してるって。(一同爆笑)

中井　いや、切岸面の石垣は織豊期に全体的に貼り付けていると思うよ。

齋藤　だとは思うんだけどね。それにしても郭5に土塁を付けているのはエラいよな。山城ではふつう土塁は付けないからね。

昇太　小さな土塁ですけど、郭5の壁面にも石垣があるんですね。なんか北側の面に石垣が多くないですか。

㊸郭5の壁下にある荒々しい石垣

㊹内枡形1の外壁にある石垣

中井　見せる意識はあるのかもしれない。

齋藤　崖の下にも崩れきった感じはあるけど、石がポツポツあるな㊺。いやぁ、すごい。

昇太　北側を見せようとしているのかな。

中井　そうですね。竪堀の中の石垣も全部、北側にしかなかったしね。

齋藤　ひと通り見ましたね。下山しますか。

昇太・中井　いやー、感動した。

武田時代の要害山

――要害山をじっくり堪能《たんのう》しましたけど、どうでした？

齋藤　要害山には武田時代と織豊期が同居しているのがわかったね。だけど、どこまでが武田で、どこから改修なのかが、むずかしい。

昇太　山梨では武田の城を徳川が改修している例が多いですけど、侵入した他国の軍隊は、敵との最前線である城を取ったら、まずは城の防衛強化から始めるわけで、城を改修されるのは国を取られた領主の宿命ですね。静岡県でも今川氏オリジナルの城は、ほぼなくなっていて、徳川や武田の城ばかりですもんね。

中井　お城の改修はどこでもありますよ。でも要害山でおもしろいのは、過渡的というのかな、ビシッと織豊系城郭に変わるわけでもないとこだね。

齋藤　一五八〇年代から一五九〇年代へのお城の移り変わりが見学できると思えば、いいかもしんない。

㊺北側の斜面には石がみえる

中井　但馬《たじま》竹田城みたいに全面的に山名《やまな》氏（但馬国の守護家）の城を改修したら、全然、痕跡が残らないじゃないですか。要害山は、どこまでが改修で、どこまでが武田なのかと言われると、確かにむずかしい。けれども、おそらく天正《てんしょう》一〇年（一五八二）の武田滅亡後からしばらくの間、文禄《ぶんろく》・慶長《けいちょう》の頃まで維持されている城だという気がする。

齋藤　どこに力点を置くかがむずかしいね。要害山の改修についての史料は、永正《えいしょう》一六年（一五一九）に武田信虎《のぶとら》が造ったという記録（高白斎記）と、武田勝頼《かつより》が慌てて普請を命じた天正四年（一五七六）の古文書ぐらいしかないけど、要害山は戦国大名武田氏が本城《ほんじょう》とした山城ですよね。浅井《あざい》氏の小谷城（滋賀県）とか朝倉氏の一乗谷《いちじょうだに》の山城（福井県）にくらべて、スケール感はどう思いました？

中井　郭の空間は非常に貧弱だね。しっかりしたのは主郭くらいでしょう。

齋藤　だよね。小谷城は造り込みがもっとしっかりしていますね。地形的には要害山も一直線で小谷城と似たような山じゃないですか。

中井　横に広がらない。とにかく一直線。要害山の主郭より西側は居住できる空間としての郭は、まずない。全国的に見ても、要害山は戦国大名クラスの山城としては、さほど大規模じゃない。それにくらべて戦国大名は異常に大規模な山城を造るじゃないですか。

齋藤　そこがポイントだと思うんだよ。上杉《うえすぎ》氏の春日山城《かすがやまじょう》（新潟県）もデカいし。

中井　毛利《もうり》氏の吉田郡山城《よしだこうりやまじょう》（広島県）もすごくデカいけど、武田氏の要害山は小さい。

齋藤　要害山の主郭は大きめだけど、城全体としてはそんなに大きくはないね。

昇太　今川氏の詰城が賤機山《しずはたやま》（㊻静岡県）だとしたら、大きな山城ではないですね。

齋藤　そうそう。そういうことです。

昇太　武田も今川も守護から戦国大名になった人たちでしょ。だから甲斐や駿河の大名に大きな山城を造ろうとする考え方がなかったのかな。

齋藤　いま同じことを言おうと思っていたんです。最近思っているのは、今川氏の詰城は賤機山じゃないかとね。今川氏真《うじざね》は永禄《えいろく》一一年（一五六八）九月に「いま、自分は根小屋を造っているので、そこにやってこい」と言っているのです（今川氏真判物『静岡県史 中世三』三四七八号）。

ところが、同じ年の一二月に氏真は駿府《すんぷ》を出ていくから、氏真が造ろうとしていた新しい根小屋がどこにあるのか、わからないままになっているのです。誰も説明しないんだけど、ぼくは当時の状況を考えて、氏真が賤機山の麓に新しく根小屋を造ろうとしたのかなと思っているのです。今川氏が駿府を手放す永禄一一年のことですよ。

周防守護の大内氏も滅亡直前に高嶺城《こうのみねじょう》を造るけど、高嶺城を大内氏の詰城として見たとき、サイズは大きくないですよ。賤機山も同じです。すごく小さい。

中井　そうですね。

齋藤　そうすると、守護大名は平地に方形の館《やかた》を造り、守護所《しゅごしょ》と守護町《しゅごまち》を構えても、デカい山城は造らないんだよ。

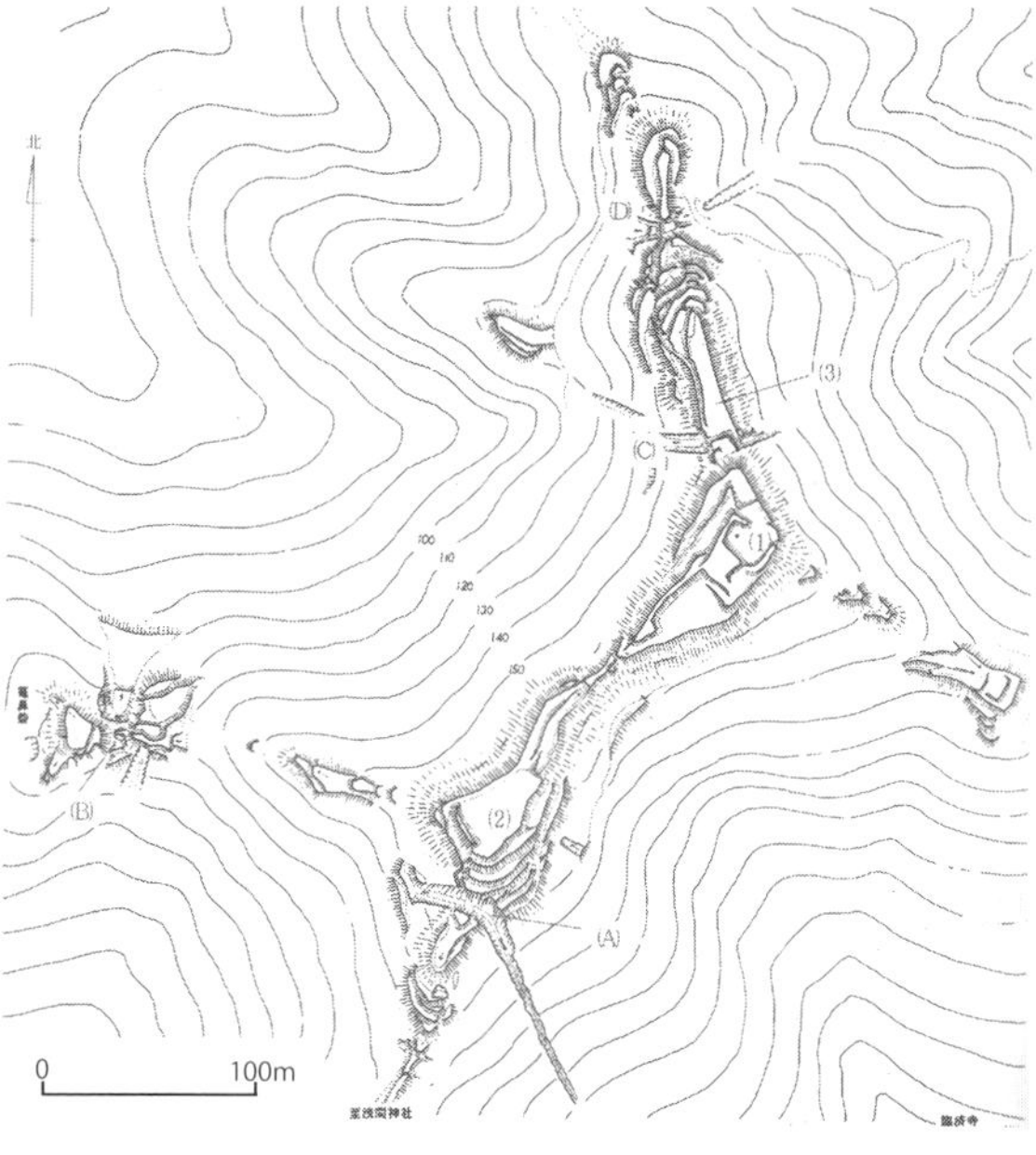

㊻賤機山（静岡市：静岡古城研究会）

中井　守護大名と戦国大名の違いですね。前の対談でも話題にしたな（『歴史家の城歩き』）。
昇太　守護出身の戦国大名に大きな山城を造ろうとする考えがあまりない。
齋藤　そうです。
昇太　春日山城は守護代《しゅごだい》＊の長尾《ながお》氏で、朝倉氏も越前《えちぜん》の守護代ですもんね。
（守護代：守護の代官。守護の直臣や現地の有力者が任じられるケースが多い）
中井　浅井氏は守護代どころではなく、もっと下の身分。
齋藤　毛利氏は、もっと下で一国人《いちこくじん》＊だからね。　（国人：現地に定住する有力武士）
中井　長宗我部《ちょうそがべ》氏もそうですね。細川《ほそかわ》氏のときは方形館《ほうけいかん》を構えて、まわりに方形館だらけの屋敷を配置していたのに、長宗我部氏になると岡豊城《おこうじょう》（高知県）を造る。
齋藤　守護大名は、本来、山城を必須アイテムとしていなくて、たとえ築いても小さな山城だったのかなと思うね。だって、武田氏もふだんは躑躅ヶ崎にいて、戦争になったら要害山に籠もるという姿を、この城から読むのはむずかしいね。
昇太　ふつうの詰城のイメージではないですね。
――要害山は籠城したり、避難したりする城ではないの？
齋藤　勝頼《かつより》のとき、織田勢の侵攻に合わせて、一度は要害山を改修しようとしたようだけど、結局は放棄してしまったでしょ。もし、セット関係で維持していたなら、違った対応になったのではないのかな。ふだん維持していなかったからこそ、普請が必要となったんだろうし、やってみて変更することになったんじゃないのかな。
――武田信虎《のぶとら》の山城なら、これくらいのサイズがちょうどですか。

齋藤　永正《えいしょう》年間から大永《だいえい》年間にこのサイズだったらデカいよ。扇谷《おうぎがやつ》上杉氏（相模守護）の七沢城《ななさわじょう》（神奈川県）にくらべればケタ違い（㊼）。

――山内《やまのうち》上杉氏（関東管領）の平井金山城《ひらいかなやまじょう》（群馬県）の主郭も、要害山ほど大きくないですね。

齋藤　平井金山城はかなりテクニカルな城だけど、主郭は要害山より全然小さいね。

昇太　武田信玄は要害山を使っていたんですか？

齋藤　信玄の頃の史料に要害山は出てこないんだ。

中井　信玄はもう、甲斐の中で戦争をしていないでしょう。お父さんの信虎の時代はまだ、甲斐の中で内乱もあるし、今川氏や信濃勢が甲斐に攻めてくることもあったから、山城を築いたんじゃないのかな。でも甲斐を掌握した信玄は、国内での戦争を考えていないんじゃないですか。勝頼が要害山の普請を命じたのは、織田軍が攻めてくるから使おうとしたけど、要害山は面積が狭いから、新府に移るわけでしょ。

齋藤　そういうことでしょう。改めて図①を見ると、主郭より西側のエリアは明らかに改修していますね。武田時代のオリジナルの地形を考えてみると、たぶん階段状のテラスが段々になっていたんだと思いますよ。

中井　その名残が主郭より西側の郭4・5（図⑲）にある。

齋藤　そうそう、武田時代にはそんなテラスが尾根に沿って階段状にあったと思う。

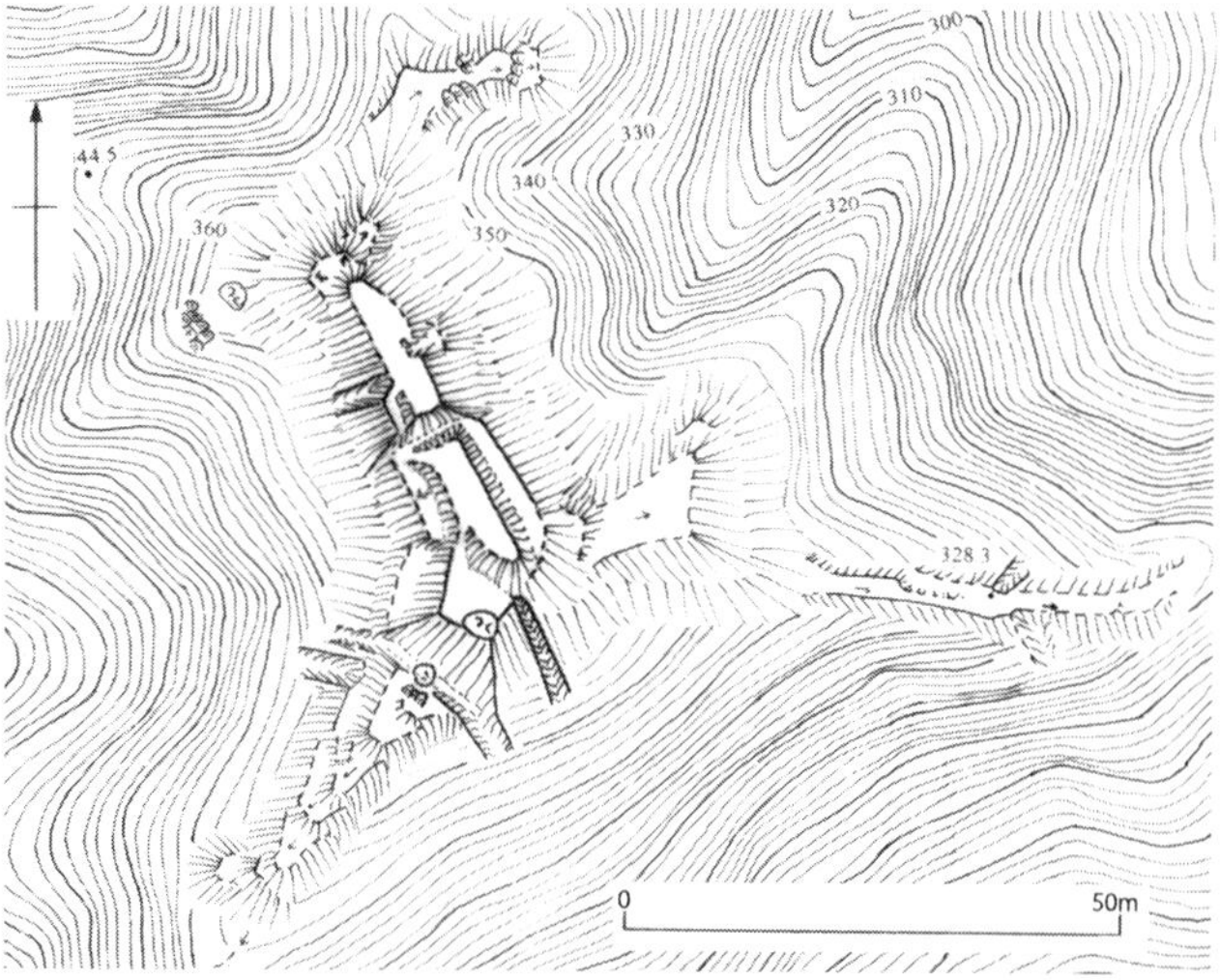

㊼七沢城（神奈川県、作図：齋藤慎一）

昇太　要害山は武田滅亡後に改修されるけど、城の正面観は変わらないですね。

齋藤　向きは変わらない。虎口を付け替えて入口の場所が変わるのでしょう。

中井　向きは変えようがないね。細い尾根で反対側に新しく正面を付けることはないし、尾根の両側はすごい深い谷だから、西から上がってくるしかない。

齋藤　主郭の二つの門（虎口a・b）が武田氏であることは動かないね（㊽㊾）。西側の郭5に上がる平入りの虎口a（㊿）も、平たい石で通路を固めた虎口b（51）も武田でしょう。

中井　ですね。

齋藤　西端の内枡形1にあった虎口bは平入りだから武田氏で、改修のときに虎口aに付け替えていたと考えていいよね。

㊽主郭の虎口a

㊾主郭の虎口b

㊿西の郭5の前にある斜路になった平入り虎口a

中井　でしょうね。
齋藤　武田時代の城道は、細い道を歩かせて、虎口には階段状にまっすぐ入れていく造り方だったのを、織豊期の改修で道を屈曲させるカタチに付け替えて、ときにしっかりと内枡形に造り変えたんだね。
中井　改修は門や城道だけではなくて、切岸や主郭のまわりの壁に石垣を貼り付けていると思うけど、大きくみて、主郭背後（東側）は、連続した竪堀も含めて武田氏で動かないでしょう（89頁、図55参照）。
齋藤　動かないでしょう。問題は、竪堀に積まれた石垣をどうみるかですね。

竪堀に石垣を築かせたのは誰だ！

昇太　あんな手の込んだことをね。あの石垣は麓の街道から見せるためですか？
中井　北面に石垣を貼っていますね。
齋藤　麓から見えるのかなって気がするけど。
中井　でも確かに南面は貼っていないですよ。
昇太　石垣は北側の面ばかりで、石垣を見せたかったのかと思うと、相当、見せることを意識しているのかなと思ったのです。
齋藤　石垣の初期段階は化粧のために造るから、権威の象徴のような門を中心とした場所や、人が見る場所に普請していく意識が強いけど、飯盛山城《いいもりやまじょう》（大阪府）にしても、「どこから見える？」という山腹に石垣を造るじゃないですか（図52参照）。

51 西の郭5の前にある虎口b

中井　飯盛山城の山腹にある石垣は大手筋の北の谷に向けているのですよ。だから南の河内平野から見えない。平野の反対が実は大手の道なんです。

齋藤　中井さんはそう書いていますよね（中井均「飯盛山城の構造と歴史的位置」『飯盛山城と三好長慶』戎光祥出版、二〇一五年）。だけど飯盛山城の造りは南向きですよ。南の河内平野から城に上がって北の谷にグルっとまわって入るルートではないと、ぼくは思うんだ。山腹に石垣を貼るというのは、どういう意味があるのか、われわれが知らない理由がまだあるんじゃないかな。地崩《ちくず》れを防ぐ意図も考える必要があると思うな。

――中井さんは、飯盛山城の石垣をどう考えます？

中井　齋藤さんは飯盛山城は南向きだとみているけど、南はたしかに南丸《みなみまる》の直下に門跡がありますから、城道があったことは間違いなさそうです。でも南のルートは、尾根筋を登ったと思うけど、その距離が非常に長いんです。南ルートは大手ではなくて、搦手だと思うのです。

――飯盛山の大手は北東側にあると。

中井　そうです。飯盛山の大手のルートは、城の西側から入って、北側を迂回《うかい》して城の東側の谷筋から登城したのだと思うのです。この東側の曲輪群で石垣が確認されたんですよ。なかには長辺が二メートルもある巨石を鏡石にしているような石垣もあるので、やっぱり見せる意識が感じられますね(52)。

――飯盛山の山腹にある石垣は見せる意識があるってことですね。

中井　そうだと思っていますけど、要害山の竪堀にある石垣は崩落防止でしょうね。

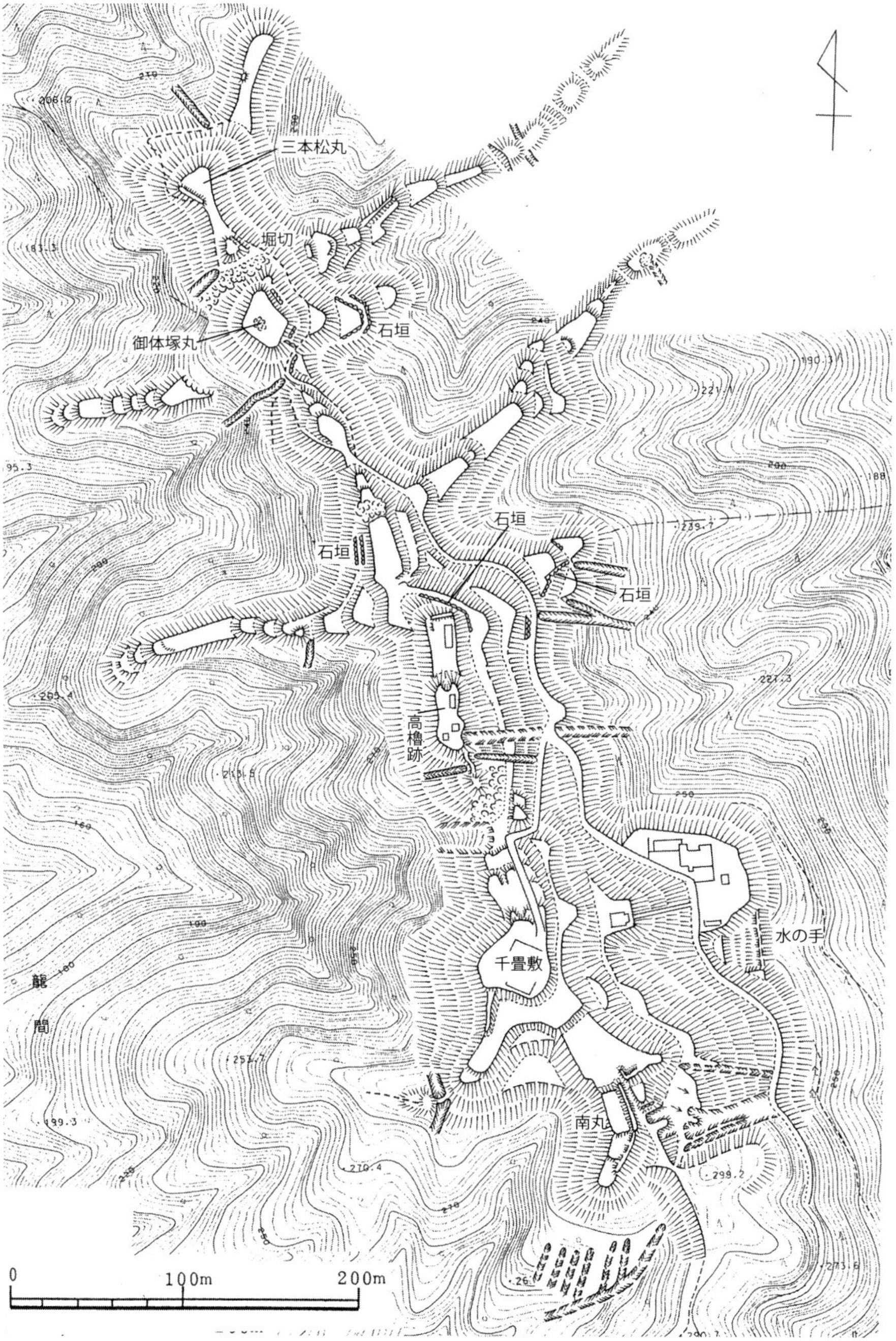

52飯盛山城の縄張り図と石垣の配置（作図：中井均）

齋藤　竪堀にある石垣は、見せるためのものだとしたら、麓から見上げたとき、竪堀の正面にある石は見えるだろうけど、堀の側面にある石は絶対見えないよね。

中井　竪堀を崩さない、土橋を保つための石垣ね。

齋藤　そうだと思うんです。

——地崩れ防止なら、南の竪堀にも石垣はあってもいいよね。なんで北側だけなの？　陽が当たらないから残雪や霜で崩れやすくなるとか？

齋藤　わからんねぇ。でも石垣の効能ってさ、むかしは軍事的な問題を主眼にして論じられていたけど、最近はむしろ化粧という象徴的な表現の要素が強く語られるようになったよね。でもそれ以外はどうなのか、まだまだ追究する必要があるね。

中井　虎口の石垣は城に入ってくる連中に見せる意識はあるけど、山腹にある石垣は崩れを防ぐことに目的があるのかもしれない。

昇太　崩落防止で竪堀に石垣を築くのなら、かなり長いこと要害山を使うつもりだったんでしょうね。勝頼が急いで手を入れようとしたときに、普請の順番からして、主郭の裏にある竪堀は優先しませんよね。最初に手を加えるのは虎口とか城の正面じゃないですか。

齋藤　そうですね。見えるところからやるんです。

昇太　ほかの普請が終わった後の最後ですよね。だから古いのかな？　とも思えたりして。

中井　信玄の頃からあっても、いいってことですね。

昇太　城の裏手に手の込んだことをするのは、勝頼が普請を命じる天正四年よりも、少し古いのかなという気がしたんですけど。

齋藤　しかも緊急造りではなくてね。
昇太　ずっと使うことを想定しないと、竪堀に石垣は組まないなと思って。
中井　勝頼なのか信玄なのか、わかるといいね。
齋藤　信虎かもしれないよ。永正一六年の築城なら石垣がないとは言えないからね。
中井　織豊期に竪堀は使わないから、竪堀の側面にまで石を積んで保護したのは、武田時代なのだろうね。これまで武田氏は石垣を造らないというイメージだったけど、明らかに織豊系の石垣とそうでない石垣が要害山にはあって、扁平な石を使うのは信濃にも広く認められるし、武田氏も石垣を積むことが明らかになったのは、すごい成果ですよ。山梨県には要害山以外に石垣はあるんですか？
齋藤　獅子吼《ししく》城に石垣(53)はあるけど年代不詳なのです。獅子吼の石垣は変わってますよ。
昇太　石垣の造り方が？
中井　織豊の石垣ではないのですか？
齋藤　山から出た石を貼ったなという印象はあります。
昇太　ベタベタって感じの貼り方ですね。
齋藤　山梨県では本栖《もとす》の城山《しろやま》(富士河口湖町)も扁平な石を積んでいるね(54)。武田時代の石垣は改めて見直さないとダメだね。

要害山の選地は温泉？

——ところで、話は変わりますけど、要害山に宗教施設はありましたか？

(54)本栖の城山の石垣

(53)獅子吼城の石垣

齋藤・中井　なかったね。

齋藤　武田氏の聖地は、温泉だとぼくは思っていてね。要害山の麓には積翠寺《せきすいじ》温泉もあるし、甲府には湯村《ゆむら》もあるから、温泉の場が聖地なんですよ。

中井・昇太　へぇ〜〜〜

齋藤　話はズレるけど、守護所の近くには温泉があるんです。要するに温泉は療養《りょうよう》でしょ。病気や傷を直すのは人ならぬ力なんですよ。

中井　死者が蘇るという小栗判官《おぐりはんがん》の壺湯《つぼゆ》*（熊野本宮の湯の峯温泉にある）。なるほど。

齋藤　それをきちんと保証するのが領主の役割で、大内氏の場合は湯田《ゆだ》温泉と長門湯本《ながとゆもと》を直営するし、扇谷上杉氏も守護所の七沢近くに七沢温泉を持っている。会津の蘆名《あしな》氏も東山《ひがしやま》温泉をもっている。温泉場は、どこでもできるわけではないから、温泉の出る場所が聖なる地になるのです。その聖なる地が守護の領国にあるとき、聖地としてその場所を崇めていると思うのです。

——温泉の聖性は古代以来でしょ。国分寺の頃からありますからね。

齋藤　そうそう。古代以来で戦国期までずっと続いているのです。

中井　なるほどね。

齋藤　聖地の一つには温泉があると思うのです。もちろん全部がそうではなくて、磐座《いわくら》や神木《しんぼく》を聖地にしたり、御神体の山自体も聖地になるので、地域によって何を聖地とするのかは違うのでしょうけど、甲斐の場合は温泉だなと、ぼくは思っているのです。

——要害山の選地は温泉にあったのね。身を清めてから山に登ったな。

勝頼はなぜ要害山をあきらめたか！

――武田勝頼が要害山から新府《しんぷ》に移った理由はサイズの問題ですか？

中井 要害山で兵は駐屯できないでしょ。

昇太 何人で戦う城のプランだったのかを考えると、要害山に多くの人数は入れないですよね。それくらいの規模ですね。

中井 一〇〇人で精一杯でしょ。戦争するために兵を駐屯させる天正期の戦争では、要害山は使えないですよ。

――勝頼はそれがわかった！

中井 新府はそれだけのキャパシティをもっているということですね（4章参照）。

齋藤 新府の空間の広さやパーツごとの大きさも要害山とは全然違うしね。

昇太 本当に短い間に戦争に動員する人数とか急激に変わったので、要害山サイズのお城の意味がなくなってくる。

齋藤 そうです。でもじつはまだ、そのあたりがよく見えていなくてね。

昇太 戦争の規模も変わるから、小さい城ではしょうがないですね。

中井 そうそう。要害山のような城は数十騎の戦争には耐えられても、三桁の軍隊が来たときに、どうにもならないですよ。それは大坂の陣で明らかで、やはり惣構《そうがま》えですよ。いかに軍隊を入れるかというキャパを造らない限り、戦争は無理です。城内のチマチマした枡形とかの縄張りは、おそらく二桁以下の軍隊ですよ。

齋藤　新府は勝頼が入るけど、もしかしたら重視したのは能見城《のうけんじょう》（4章参照）でしょ。新府の前面に堀でもって防御ラインを引くわけです。そこで戦おうとしている。だから、ほんのわずかな時間の中で戦争のやり方も変わって、城造りも変わっていくんだろうな。

昇太　お城のありようも戦争のやり方といっしょに変わるけど、徳川氏が甲斐に入ったときに手を入れた要害山は、やっぱりネームバリューがすごかったんでしょうか？

齋藤　新しい領主が来ると、状況を全然知らないで入りますよね。そのとき一度はまず自分の身を固めるのに旧来の領主が持っていたやり方を踏襲するのです。

——新しい領主は、旧領主のやり方を一生懸命に消そうとするんじゃないの？　躑躅ヶ崎を改修した加藤氏はそうなんでしょ？

齋藤　城の遺構を見ていると、旧領主の構えを否定しようとする側面はたしかにうかがえますね。ただ、領域支配の側面から見ると、先代の全否定はありえないし、一度は継承し、尊重する側面も重要になってくるんですよ。

——なるほど、なるほど。

齋藤　むしろ、平岩氏がなぜ新府に入らなかったのかが不思議だけどね。

中井　なぜ新府に入らなかったのかね。

齋藤　家康は使ったのにね。いくら戦《いくさ》目的であっても。

昇太　勝頼の城よりも信玄の城ってことですか？

中井　甲斐の守護家の持ち物ってことでしょうかね。

齋藤　天正壬午《てんしょうじんご》の乱《らん》（一五八二年）のとき、北条氏が若神子《わかみこ》（山梨県北杜市須玉町）に入る前に小諸《こもろ》(長野県小諸市)で止まるんです。上杉氏が善光寺平《ぜんこうじだいら》(長野市)まで来ていますから、南進して甲斐に進むか西の善光寺平に行くか迷って小諸で止まるのだけど、そのとき徳川氏が追いついて甲斐に来るんです。でも家康は最初に新府には入らないんだよ。古文書には「古府中」(『家忠日記』天正一〇年八月六日・一二日条)と書いてある。新府は勝頼だけの問題だった、ということになっちゃうんだよ。

中井　新府がイレギュラーなんですよ。

要害山を改修したのは誰だ!

中井　新府は見捨てられたのだと思うけど、躑躅ヶ崎をあれだけ改修しているのに、なぜ要害山を改修する必要があったんだろうね? 不思議なんだけど。

齋藤　要害山の改修は徳川家臣の平岩氏なのかね。平岩氏は躑躅ヶ崎にタッチできなかったと思うんだよ。

中井　そうか! 平岩氏の改修はアリやと思うわ。徳川氏が武田氏の旧領に入った天正一〇年(一五八二)は、まだ緊張状態が続いていていて、そのとき山城をすごく重要視したんだと思う。躑躅ヶ崎の改修は、豊臣家臣の加藤氏なり浅野氏なりが甲斐に入らないと、無理だと思う。

齋藤　平岩氏が躑躅ヶ崎を聚楽第《じゅらくてい》の構造に改修するのは無理ですよね。

中井　無理でしょう。

昇太　ということは、躑躅ヶ崎よりも前に要害山に改修の手が入ったということですか?

齋藤　同時進行かその前か……

昇太　改修された石垣は、躑躅ヶ崎と要害山は同じに見えたけど。

中井　虎口の造り方も変わらなかったね。

齋藤　技術的には変わらないのだけど、躑躅ヶ崎に移るまでの過程が要害山にあるのかもしれないね。躑躅ヶ崎のプロトタイプが要害山で、内枡形の造り方の経験が活かされて、躑躅ヶ崎の定型化した造りになっていくのかな。

中井　さらにそれに甲府城が関わってくる。

齋藤　甲府城と躑躅ヶ崎の共通点はないね。

中井　ないね。

齋藤　甲府城と躑躅ヶ崎と要害山を三つ並べて、背景を取っ払って、年代の順番に並べるとしたら、要害山↓躑躅ヶ崎↓甲府城になるね。だったら躑躅ヶ崎に先行して要害山を改修していることもあり得るね。

昇太　武田時代のものを残しながら。

中井　いじりようがないからね。

昇太　いじりようがない、というのはそうですね。パーツもスペースもないですしね。

――改修をきちんとしようと思ったら、主郭まわりに手を入れるでしょうにね。

中井　主郭のまわりを高石垣にしたりね。

齋藤　でも要害山は文禄・慶長期の竹田但馬城や倭城と似たプランを取り入れているよね。

要害山の改修目的はなんだ！

中井　文禄・慶長くらいに流行るくちばし状の虎口を交互に繰り返すプランは、要害山にあるからね（図55参照）。この改修は加藤氏じゃないの？

齋藤　平岩氏と加藤氏のどっちかよくわからないけど、でもよく考えてみたら、要害山は城の中に入らないと、どこをどう改修したのかわからないね。天守を建てるのなら外から見てもわかるけどさ。改修の様子を見せるということは、かなりの人間が城内に入っているんだろうね。

中井　でしょうね。

齋藤　最終的には要害山を捨てて躑躅ヶ崎に行くけど、とにかく見せなきゃいけなかったんだろうね。改修したことを。

中井　要害山に手を入れなアカンという意識はあるね。武田氏が滅んだ後に徳川氏が甲斐に入ったときには、要害山を重視したんだろうし。

齋藤　そうでしょうね。

――　要害山を改修して何の役に立つのかな？

中井　要害山は改修しても使えないねぇ。

齋藤　戦争をしないですからね。しいていうと「こんなすごい城を造るんだから、抵抗するんじゃないよ」って話ですね。

――　逆らいそうな武田の旧臣や領民に「おれに逆らうのか！」って見せびらかす。

齋藤　「これがうわさに聞く枡形門でございますかぁ…」

昇太　「いま一番流行《はや》っているのはこれ、君たち知ってるかな」って。（一同爆笑）

中井　「なんて不便なもんを造るだ。御屋形様《おやかたさま》のときは真っ直ぐだったのに、なんでこんな歩き難くしたんだ」「えっ、こんなとこで守るの？　城ってそうじゃないだろう」というのが、武田の旧臣にはあったのかもしれん。

齋藤　「いやぁ、家臣が忖度《そんたく》しまして」って。（一同爆笑）

昇太　でも要害山のほうが情報公開をしてますよ。

齋藤　見せないことには改修の意味がないからね。

中井　そうですよ。本来、山の上の要害だから守れたんであって、城の中でのチマチマした縄張りで守ったのではないでしょうね。やっぱり。

昇太　山の高低差とテラス状の段々で戦う城、それでいいと思っていたんですよね。武田の旧臣たちも。きっと。

――「時代は変わったんだよ」って改修する。

昇太　お城って時代を反映してるじゃないですか。本来、お城は後から入った人も手を加えるから、どんどん強くなるはずじゃないですか。でも、誰も攻めてこないとなったら、歩きやすいようにルートを真っ直ぐにしようぜ、ということにはならないのですね。

中井　軍事よりも権威なんですよ。

齋藤　軍事よりも権威だから、武田の旧臣や甲斐の人たちに変わったことを見せつけることが大事なんだな。要害山を改修したとき、主郭の背後に手を加えないのも、軍事の問題

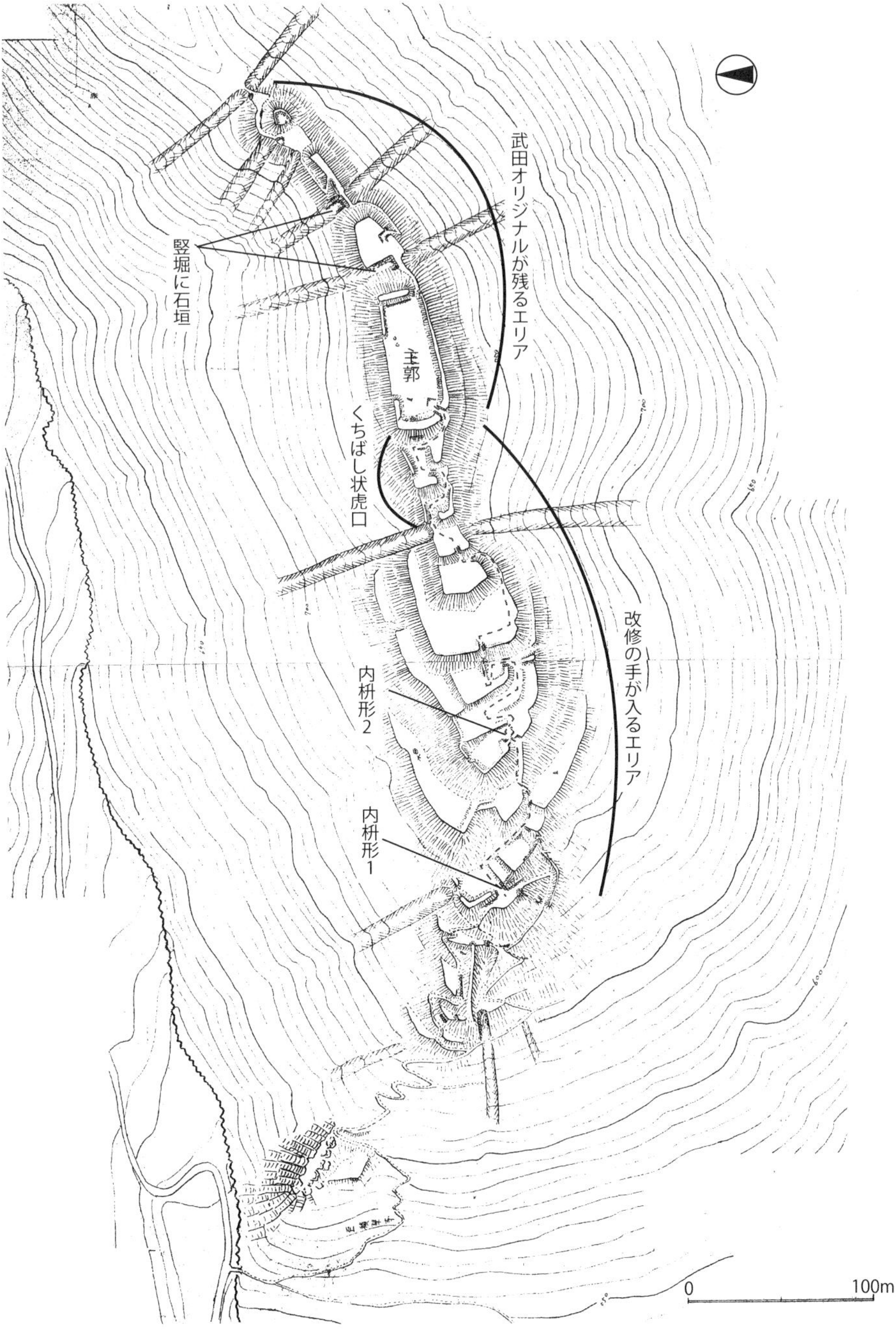

⑤5要害山の武田オリジナルと改修の手が入るエリア　破線は改修後のルート

を考えていないからでしょう。

中井　そうでしょう。

齋藤　正面だけを改修して見せつける。

中井　主郭まで登って対面の場で庭を愛《め》でながら宴会やるだけなら、城の後ろは関係ないわけです。

昇太　正面から入って正面から帰ってもらう。

齋藤　戦争するわけではないから、対面ができればいいのです。

昇太　武田の旧臣にしてみたら、直進していた虎口が曲がっていて、入ってみたら今まで見たこともなかった石垣がバッと貼ってあって、またクランクして先に進んだら、また石垣があった、というのはものすごいインパクトですよ。

齋藤　その装置だね。決して戦争のためではない。

中井　もうそんな時代じゃない。師匠が「おっ、すげー」って声を出してたけど、武田の旧臣も同じでしょう。石垣見て「おっ！」と思って、次に曲がったらまた石垣があって、次は主郭かなって思ったら、またまた曲がって石垣があるって、声をずっとあげなきゃアカン。

齋藤　そういう装置だろうね。

昇太　そうなると、要害山を改修する意味も出てきますね。躑躅ヶ崎だけに手を入れればいいってもんじゃないですよね。

齋藤　要害山の改修は平岩氏の装置だったのかもね。加藤氏は「見せつけ」の演出を躑躅ヶ崎でやるんだと思う。

中井　加藤氏は要害山ではやらないかもね。まだ軍事的な緊張状態にあった平岩氏のとき、要害山を「見せつける」という意味で改修したんだろうね。本来、要害山は豊臣政権がとるような山城じゃないもん。

齋藤　プランが違うね。

中井　造れないもん。

昇太　それでもかなり無理をしながら造っていますもんね。

中井　かなり無理しているね。平岩氏が入った頃は軍事的な緊張もまだあって、武田家の本城である要害山は、それなりに甲斐の中で意識されていたからこそ、ここに違うスタイルの城を造らなアカンと思ったのでしょう。

齋藤　要害山は「戦う城」ではなくて、「見せるための城」だったんだよ。

要害山のあゆみ

中井　でも何回か要害山で戦っているんでしょ。

齋藤　いや、一度もない。

中井　ないの。要害山での戦争はないの。

齋藤　そう、武田時代にもないけど、武田氏の後も要害山は「見せる場」だった。武田滅亡直後の段階では、平岩氏が躑躅ヶ崎を使ったとは思えないので、要害山が本城になった。だから山の麓にも根小屋地名が残るんですよ。

中井　なるほど。なんで麓に根小屋地名があるのか不思議だったけど、これでナゾがとけたな。小谷城も本来は山麓に浅井屋敷があって、山上に大広間を造って、山の上に居住するようになるけど、要害山だって主郭の広さからしたら、居住スペースは十分ある。

齋藤　そんなにデカくはないけど、居住性はありますね。武田滅亡後、躑躅ヶ崎が聚楽第タイプになる以前、甲斐の中心はどこだったか？　要害山ではないか！　そのとき山頂の主郭に館を置いた。

中井　要害山は勝頼が修理を始めたけどダメで新府に移った（天正九年）。新府が落ちて武田氏が滅んだ後に、徳川家臣の平岩氏が甲斐に入りました（天正一〇年）。でもまだ軍事的にも緊張状態が続いていたから躑躅ヶ崎は使えず、要害山に住んで本城にしていた。ところが、小田原合戦があって徳川氏は転封《てんぽう》になる。代わって甲斐は豊臣領国になって家臣の加藤氏がやって来きました（天正一八年）。

　そんで、「こんな狭っ苦しいところに城なんか造れるか！」って、加藤氏は躑躅ヶ崎を聚楽第に造り変えることを始めて、最後に浅野氏が甲府城へと移った。

齋藤　そんなストーリーかもしれないね。

昇太　そのストーリーは、非常にきれいにいきますね。

中井　要害山は住めないことはない。そこにやってくる人たちのためにガンガン石垣を使って、城に入らせて見せつける。

――主郭まわりや枡形虎口に石垣を組んだのは、平岩氏になるの？

中井　おそらく平岩氏の段階と考えてよいでしょうね。もちろんその背後には徳川家康がいますよ。家康の城造りでは、たしかに天正一八年（一五九〇）までは石垣の城は認められないし、天正七年（一五七九）に改修した牧野城（諏訪原城）でも石垣は築いていません（『家忠日記』）。でも武田氏の本国の、さらにその本城に入るわけですから、あえて石垣や枡形を導入して、権威としての見せる城に改修した可能性は考えられそうです。それに要害山には武田氏時代の石垣もあるじゃないですか。権威の発展的継承なんてこともあるかもよ。

斎藤　——武田氏の本城に入るって、たいへんなんだね。

斎藤　平岩氏は徳川の家臣だからさ、規模的には要害山サイズでいいんでしょうね。

昇太　加藤氏・浅野氏は豊臣大名だからそうはいかないですもんね。

斎藤　これまでの話が良いとすると、平岩氏の段階では武田氏を継承できたけど、加藤氏の段階では踏襲しなかった、ってことだね。

中井　そういうことになりますな。

昇太　加藤氏は要害山を全く使わなかったのかなぁ？

斎藤　最初は入ったのかもしれないよ。

中井　但馬竹田城や倭城に似たようなプランは加藤氏かもしれないな。

斎藤　でも、すぐに止めてしまって、躑躅ヶ崎に行こうとしたんだろうな。

中井　最初から躑躅ヶ崎に目をつけていたかもね。加藤氏なり浅野氏が聚楽第タイプの躑躅ヶ崎を造ろうとすれば、もう要害山は必要ないでしょう。

斎藤　天守が建っている躑躅ヶ崎と、天守台もない要害山だから、時代が完全に違うよね。

昇太　躑躅ヶ崎と要害山を同時並行で改修してみたけど、「やっぱ要害山はいらないな」

というこ とになったのかもしれないですね。
中井　それはあり得るね。
齋藤　はっきりしたことは、わからないね。武田滅亡の天正一〇年(一五八二)から甲府城に移る慶長頃(一六〇〇年初頭)までのおよそ二〇年までの時間は、文献の中では絶対に明らかにできないことだし、考古学的にもむずかしいからね。
中井　考古学では無理ですわ。わずか二〇年あまりのことを編年するのは、紀年銘《きねんめい》のある遺物がないと絶対に無理です。古文書も残っていなければ、文献史学でも無理でしょ。
齋藤　古文書があっても、具体的なことはわからないよ。それをどうやって城の造り方から読み解いていくことができるのか！　縄張りをみる上での一番の醍醐味《だいごみ》じゃないかな。
中井　そうですよ。
昇太　楽しく想像ができます。

3章

白山城《はくさんじょう》　城造りの巧みさに惑う

白山城にて（2018.4.17）
左から春風亭昇太師匠、齋藤慎一氏、中井均氏

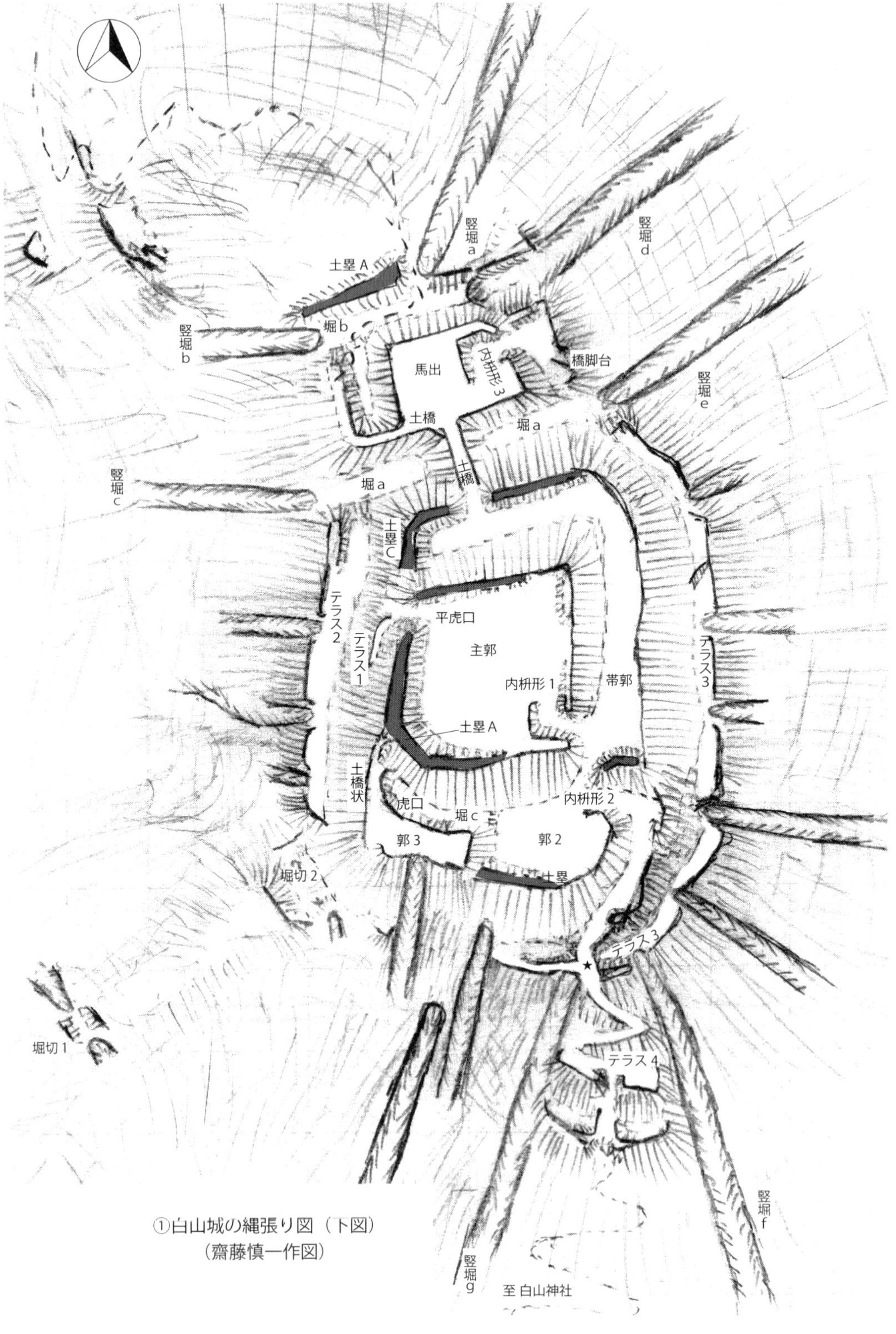

①白山城の縄張り図（下図）
（齋藤慎一作図）

昇太　おっ、この図は齋藤さんが描いたんですか。
齋藤　三五年前に描いたんだ。清書しないままだけど。
中井　下図のほうがやっぱリアルだな。清書するより。
昇太　そうですね。迫力ありますよ。ぼくは一〇年くらい前になるかなぁ。白山城に来たの。明解な縄張《なわば》りで長い時間かけて造った感じがしない城ですよね。
齋藤　要害山《ようがいさん》とは全然、違うよね。
中井　不思議なんですが、なんで白山城《はくさんじょう》は注目されたんですか？
齋藤　縄張り的にとてもいい城で、よく残っているからね。山梨の代表的な城で、白山城にある放射状の竪堀《たてぼり》は「武田氏の典型的な造り方だ」と本田昇《ほんだのぼる》さんが言ったからでしょ。
中井　白山城は地元の武川衆《むかわしゅう》が造った城だっていうじゃない？
齋藤　近年の説では地域の武士団である武川衆と考えられていて、白山城の総合的研究の報告書（一九九九年）もそれを前提にしているのだけど、確かな史料はないよ。ぼくも若いころ来たときは、戦国時代の武川衆でいいのかなと思ったけど、いまの目でみてどう感じるのか、楽しみだな。

搦手か大手か

中井　ぼくは初めて来るけど、白山神社の脇から山道を登ると、すぐに竪堀がみえるんだね。二本の竪堀の間にテラス4が挟まれているけど、ここは虎口《こぐち》かな？
齋藤　下から見ると圧巻ですが、上に登っていく通路が丸見えなのはイヤだよね（②）。左

【白山城】
〈所在地〉　韮崎市神山町鍋山・北宮地
〈アクセス〉　JR中央本線 韮崎駅下車、韮崎市民バス「韮崎大村美術館前」下車。徒歩約一五分で登山口の白山神社。

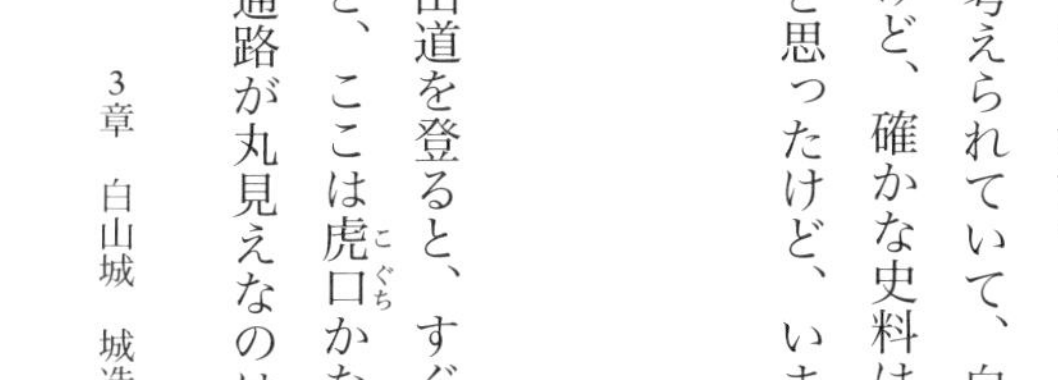

②テラス4に向かう通路

右のどっちかにふって通路が見えない状態のほうがいいのだろうけど、でもこのルートしかないいね。

中井　北の馬出《うまだし》から出入りするなら(図①参照)、白山城の正面はきっと北側でしょ。白山神社のある南側からのルートはないいんじゃない。そんな気がするんです。でも不思議なことに南から上がっていく途中に平坦なテラス4を置いているのは、意味深長ですね。

齋藤　二方向からの出入口があってもいいんじゃないですか。

中井　なるほどね。北が大手で南は搦手《からめて》ね。

昇太　ここはハの字に竪堀を入れて、完全にルートを限定させているんですね。

齋藤　南側はかなり緩やかな尾根だから、竪堀を入れて出入口を守るのかな。

昇太　このテラス4の壁に沿って凹《へこ》んだところがありますね(③)。

中井　横堀《よこぼり》状っぽいですね。なんだろうこれ？

齋藤　テラス4を上から眺めると、使える写真が撮れそうだよ(④)。

中井　ほう、バッチリですな。

齋藤　主郭に上がる道が帯状のテラス3と交差するところ(図①の★)は、少し幅広になっていて、そこから放射状に竪堀二本を下ろしているね。

中井　竪堀を落としているのが大事。このテラス3にもテラス4と同じような凹みがあるな。横堀っぽくないですか？　なんかありそうですね。

昇太　下のテラス4と同じですよね。数年前に白山城に来たときも、これは横堀かなと思った記憶があります。テラス3にも同じようなものがあるんですね。

③テラス4の壁に凹みがある

④テラス4の出入口と通路を上からみる

中井　小さいけど横堀っぽいですね。とりあえず主郭に上がりますか。
昇太　上から見るとなおさらそんな感じがします。
中井　そうやね。凹んでいるよね。横堀から落とす竪堀は、戦国末期の新しい竪堀の造り方ですよ。白山城もずっと横堀をまわしている感じで、堀の端から竪堀を落としとる。
――テラスの壁に沿って溝みたいな凹みをまわす意味は何なの？
中井　遮断線《しゃだんせん》でしょう。とにかく主郭の一段下に横堀を全周させて竪堀を落としていくのです。
――テラスじゃなくて、横堀とみるの？　このテラス3の西の端はどうなってる？
中井　斜面地に竪堀を落としているだけですな（図①参照）。
昇太　ここで止めてしまっているんですね。

テクニシャンが造った虎口

中井　先に主郭に行きましょう。おっ、いいねぇ。坂を登りきったら壁にぶつけて曲げとるよ（⑤）。
齋藤　正面の壁に当てて、中は枡形《ますがた》になってるね（⑥）。
中井　なるほど。この虎口は二折れさせて城内に入れとる。きちっとした内枡形《うちますがた》（2）にしているね。非常に虎口についてはテクニシャンじゃないですか。
齋藤　そうね。主郭の入り方もそうですよ。
昇太　主郭の虎口はすごいなぁ。ここまで入るのに、三回も折れさせて。

⑤坂を登りきると壁にあてて左に折れる

⑥2折れさせた内枡形2を上から

中井　なおかつ内枡形1（⑦）。これは武川衆の城でいいんですか？

齋藤　ポイントは内枡形だよ。連続しているし。

中井　この内枡形の連続はすごい。いま登ってきた道は、怪しいと思ったけど、一つの登城路であることは間違いないな（⑧）。白山神社のところから登ってきたら内枡形2に入って、二回折れさせて、主郭の内枡形1に行くということですね。

齋藤　そうでしょうね。まずは城の西側に行きましょう。主郭の土塁Aに上がってみると、下の郭3の端が土橋状（⑨）に見えるけど、堀止《ほりどめ》なんだろうね。

中井　土塁Aが主郭の中でも一番高いでしょ。下の土橋《どばし》状から主郭にあがるルートはなさそうだね。

⑦主郭の内枡形1

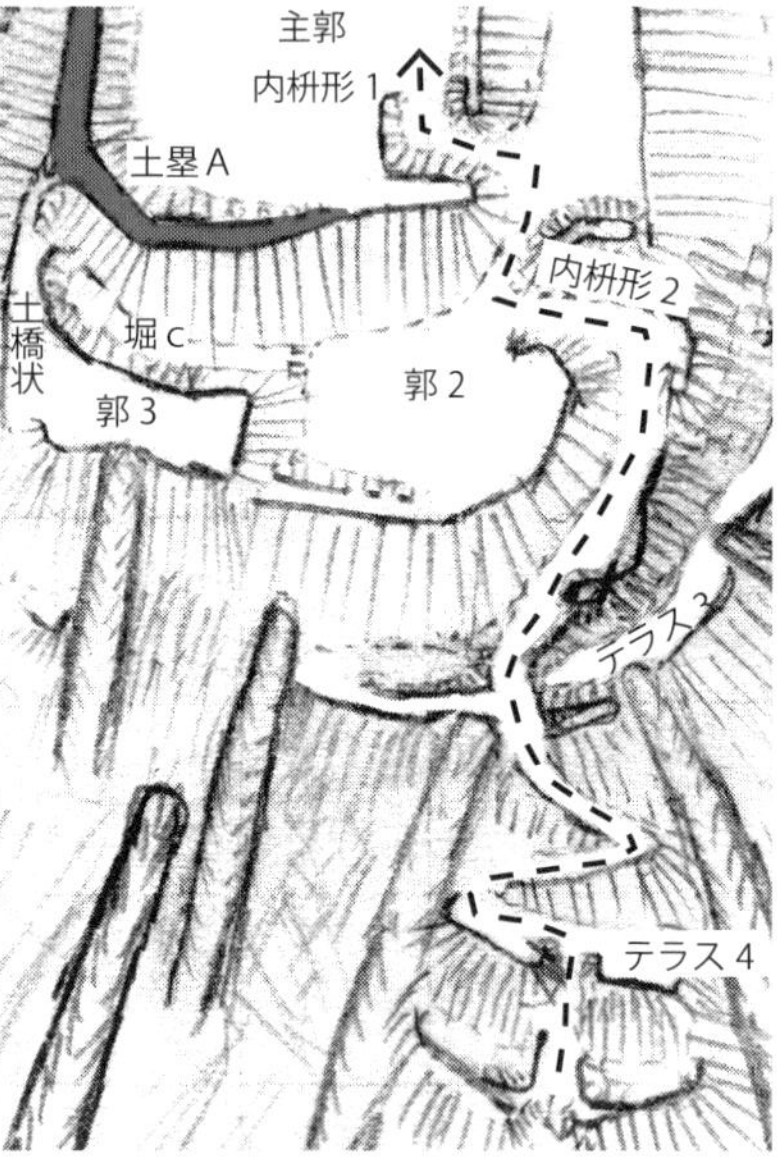

⑧南からのルート（破線）

⑨土塁Aから土橋状の遺構をみる

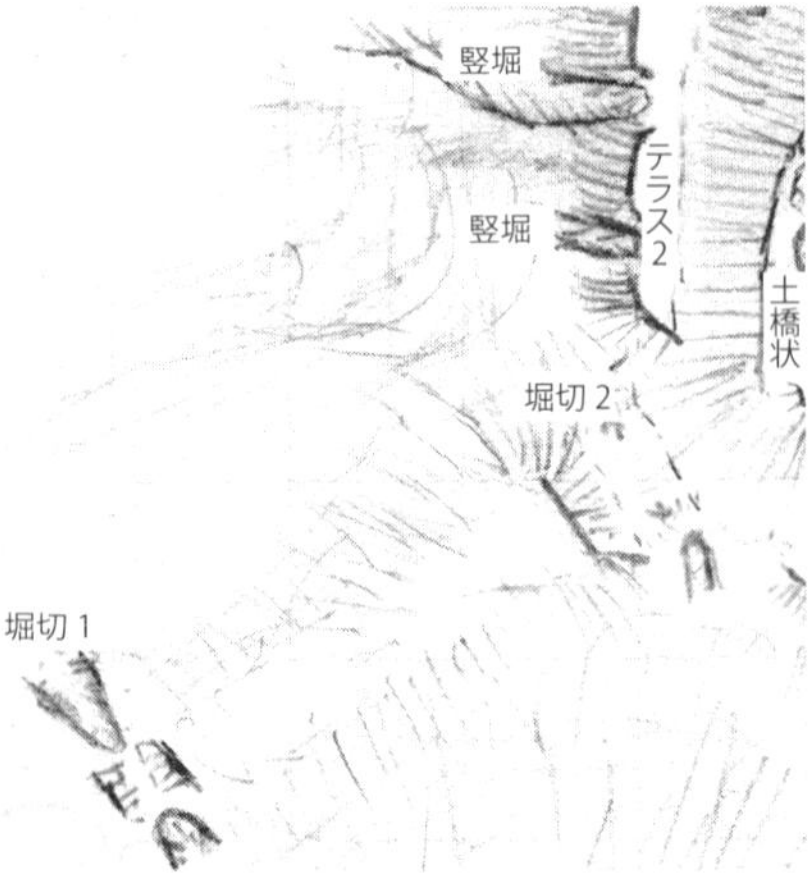

⑩堀切1・2の位置

齋藤　土塁Aとは直接つながらないね。この土塁の高さは、城域の南西方向が尾根続きだから、それなりにケアしているんでしょう。尾根の先に堀切《ほりきり》(1)があるんですよ(⑩)。

堀切・竪堀・帯郭の効用

中井　堀切が先にあるのね。郭3の真下にあるのが堀切2か。けっこうデカいな(⑪)。

齋藤　先に堀切1に行きましょう。

中井　堀切2から堀切1の間はえらく幅広いね。この平場は何も手を入れてないな。おっ、堀切1(⑫)はちゃんと尾根の狭まったところで切っとる。

――城域を区切る堀ですか？

中井　本来、お城は堀切2で終わるから、その先の広い平場を取られるとイヤなので、一番きゅっとしまったところに堀切を一本入れたんでしょう。その意味では、非常に理にかなった、理屈が通る城造りはしてますね。堀切1は、きれいに谷に落としていっとる。

昇太　防御ポイントになるところに堀切を入れているんですね。

中井　そうでしょう。見学するのは中心部分だけでいいから、戻りましょう。堀切2から北の方向に向かって、帯状にテラス2(⑬)があるよ。

――この細いテラスって、どんな設計の意図があるの？

中井　主郭まわりの横堀といっしょで、この場所で遮断したいんで、ここから竪堀を落とすということじゃないですか。主郭のまわりに一段帯郭《おびぐるわ》を全部まわして、攻めてくる人をそこでくい止めたいんでしょう。だから、設計の意図は横堀といっしょだと思うんです。

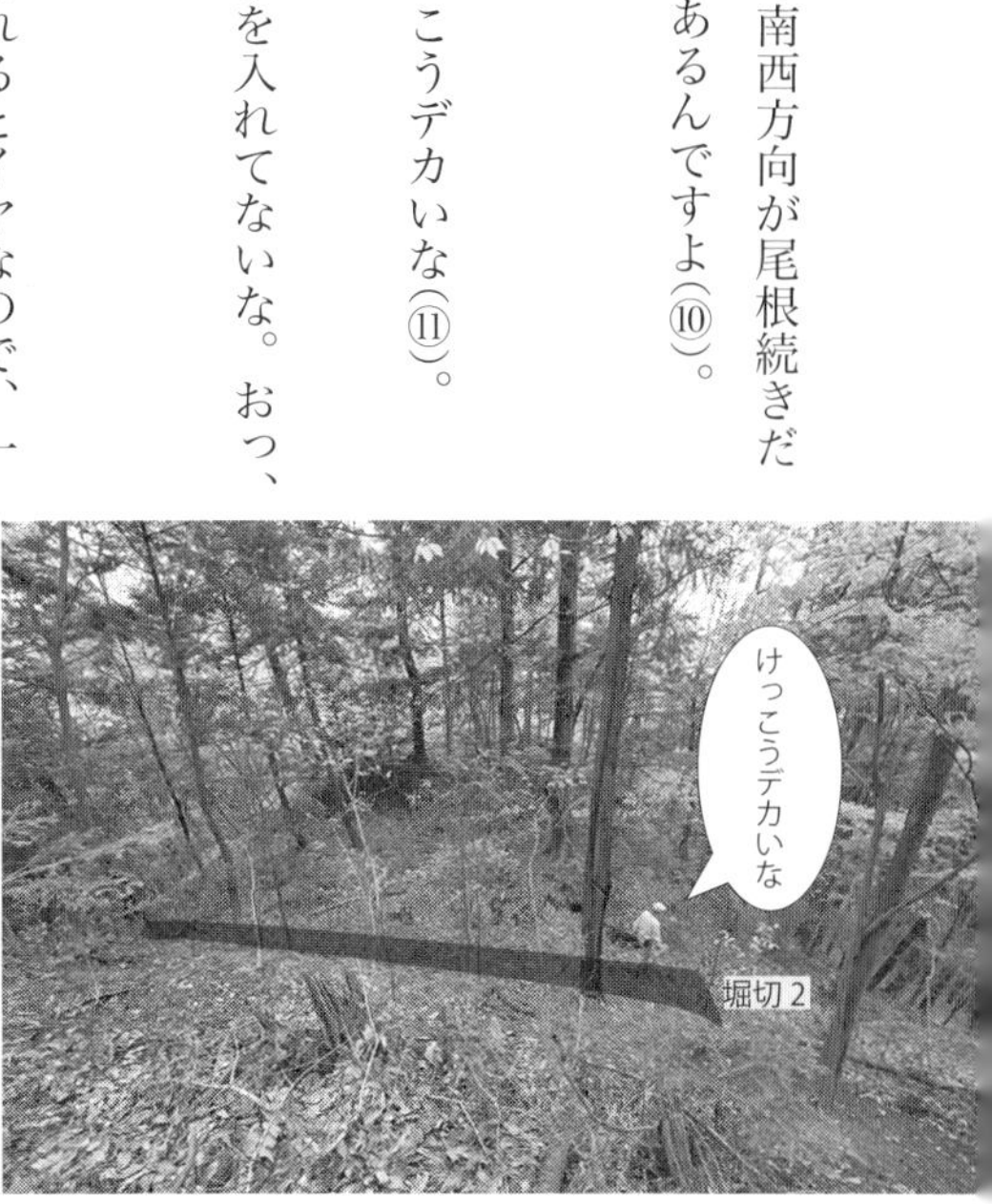

⑪土橋状の上から堀切２をみる

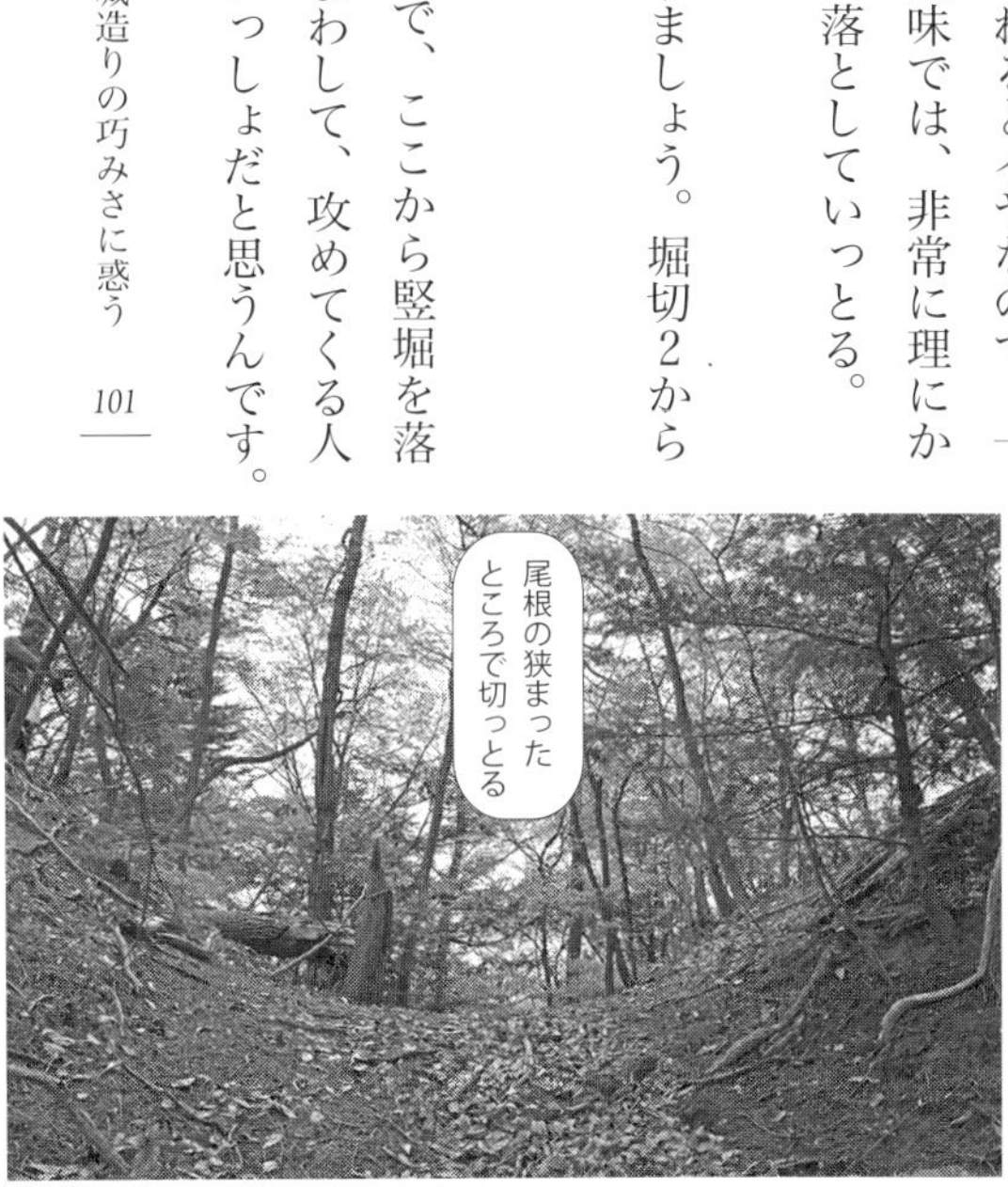

⑫堀切１の底から

掘らずにテラスにしているだけで。
昇太　絶対防衛圏ですね。
中井　ですね。
――テラスを造らないで、そのままの崖《がけ》じゃダメなの？
中井　城兵《じょうへい》をこのテラスに配置して守りたいんでしょ。上の主郭にあがられる前にね。
昇太　主郭のもう一段下で守りたい。
中井　白山城よりも古い時代の山城では、竪堀はなにもない斜面に落とすだけで、帯郭とか横堀がまわらない。そのタイプのほうが古いと言われています。確かにそうかなという気はしますけどね。
――ひと工夫してるのね。
中井　そうだと思うけどね。帯状のテラス2のどんつきに大きな竪堀cが落ちとるね。この迫力は来てもらわんとわからんな（図⑯参照）。このテラス2の壁の際《きわ》にも横堀っぽい凹みがあるわ。しかし、このどんつきからどうやって主郭にあがるんだ？
齋藤　橋はない？　このテラス2の側面に。
中井　このテラスに？　ないんじゃないですか。そのままぶち抜いてしまえばいいのに、わざわざ堀aにぶつけて止めているあたりは（⑭⑯）、馬出を造りたいってことだろうね。やっぱり主郭への虎口は土橋にしたいんでしょう。
齋藤　このテラス2は堀aの壁で行き止まりだね。
中井　そうみたい。ショートカットして馬出の土橋（⑮）を見に行きましょう。

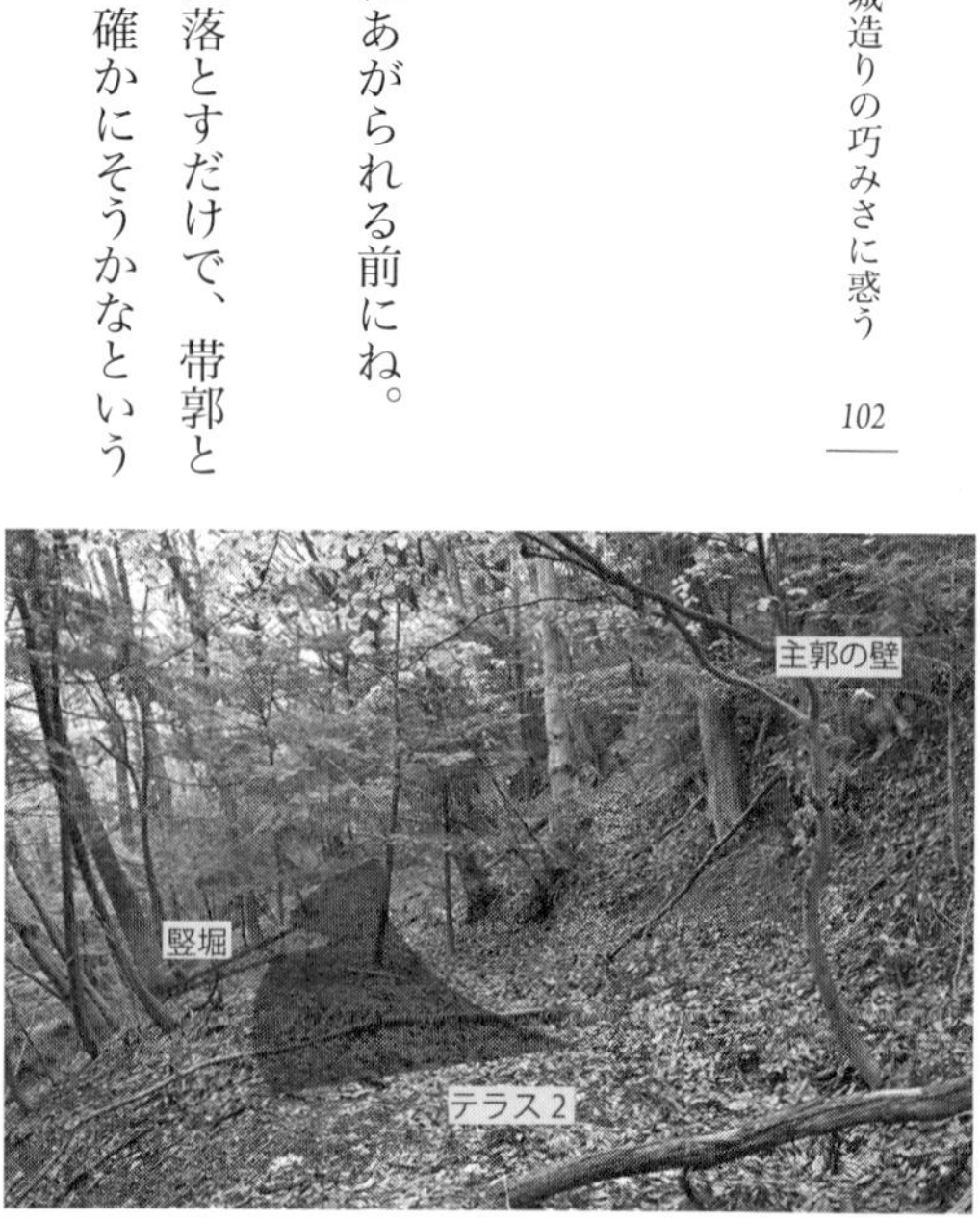

⑬細いテラス2から竪堀を落とす

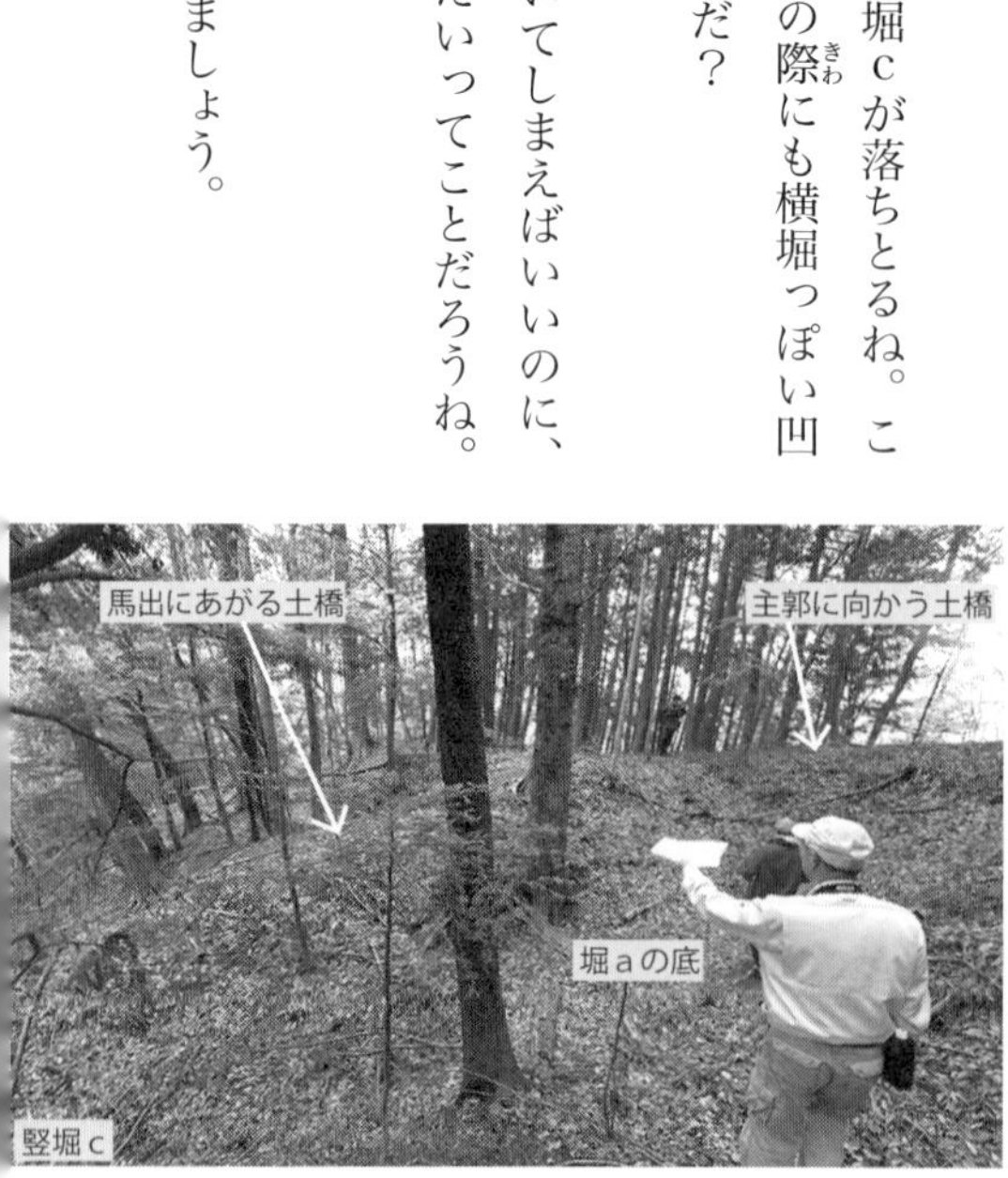

⑭テラス2と堀aの壁の間に立って見通す

馬出と主郭をどう結ぶか！

中井　馬出と主郭の間に帯郭があるから、この馬出に入るには、主郭の内枡形1からまわってくるのか。いや待てよ！　帯郭の土塁Cは口（図⑯◀）を開けとるぞ！　主郭にあがっていけるんだろうか？　主郭の壁は絶対登れないし、ひょっとすると虎口じゃないのかもしれん。だって土塁Cの先から降りてもテラス2でしょ。後世の改変かな？　ここは降りないよね。

齋藤　ここはかけ橋だよ。

中井　虎口でいいの？　下のテラス2に降ろすのだったら、まっすぐ木ハシゴをかけるのかもしれんけど、本当に虎口になるの？　主郭と土塁Cは直接、つながらないでしょ。

齋藤　土塁Cには降ろさないでしょ。

中井　やっぱり馬出から主郭に入るには、帯郭でグルっとまわしているんじゃないの。

齋藤　いや、土塁Cの付け根から、かけ橋で主郭と結んでいたんじゃない？

昇太　土塁Cの先にテラス1があるから行けるんじゃないですか？

中井　そうか。そうなると、もしかしたら郭3の土橋状の通路と結ぶのか？

⑮馬出と帯郭を結ぶ土橋

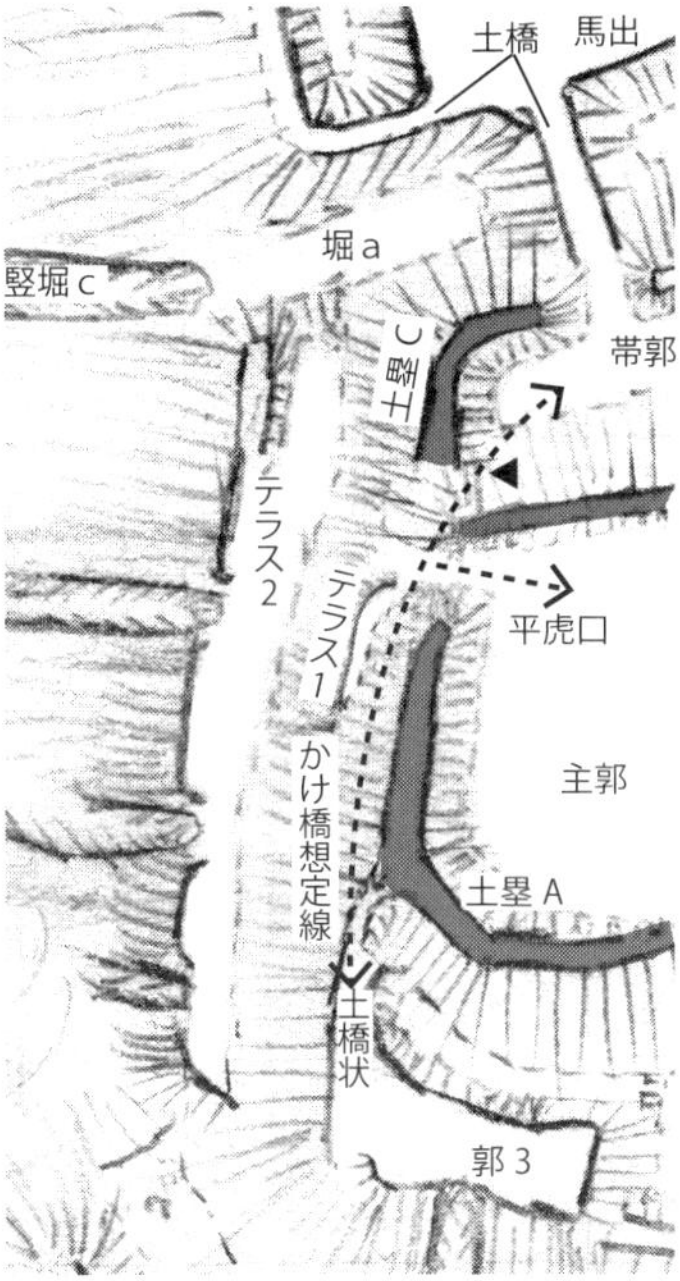

⑯主郭平虎口のかけ橋想定線

昇太　馬出から上がってくると、土塁Cの付け根から主郭に入るかけ橋の通路があって、それとは別に帯郭をグルっとまわって、郭3からもかけ橋を使って、主郭の平虎口《ひらこぐち》と結ぶんじゃないですか。

中井　なるほど。長い距離を歩かせるルートもあると。

齋藤　この平虎口への通路は、かけ橋だよ⑰。前言撤回ですが、土塁Cからではなく、さっきは郭3の土橋状の意味がわからなかったけど、主郭の斜面に薄いテラス1があるから、たぶん師匠が言ったように、かけ橋を使って主郭の平虎口と結ぶんだと思うな。

中井　なるほどね。主郭の壁は斜面がきついから、橋でまわしてもいいね。

昇太　かけ橋は郭3のどの場所につながるんだろう？

中井　郭3は馬出みたいになっているから、どこかにかけ橋をつなぐ場所があるんじゃないですか。主郭の土塁Aは遮断物だから出入りさせないだろうし。

不完全な馬出に匠の技

昇太　郭3にどうやって出入りさせているのか見に行こうっと。〔一人、注意深く観察中〕

齋藤　主郭から見下ろすと、郭3の真ん中あたりが凹《へこ》んでいるのがわかるね。

昇太　どこですかぁー？

齋藤　師匠がいま背中を向けているところ。きっと虎口だよ⑱。

昇太　ここですか！　ほんとだ！

中井　どれどれ、郭3と郭2はどう結ぶのかな⑳。郭2にはよさげなスロープもあるじ

⑰主郭の平虎口とかけ橋

⑱郭３の平虎口

ゃないですか。これはスロープじゃなくて土塁だな。この土塁で遮断してそうだね。そうすると、郭2から郭3のルートは堀cしかないね。この堀cはスロープ状になっていて、郭3の凹みから上げるんだな。間違いない⑲。

齋藤　それしかルートのとりようがないね。

昇太　城に入ってくる人は、ここでいったん主郭に対して背中を向けるから、背後からやられちゃうんですね。それで、土橋状の端っこから、かけ橋を使って主郭に入れるんだ。

中井　このルートで決まりだな。北にある馬出に気を取られているけど、主郭の両サイドはおもしろいぞ！　戦国の山城だったら、ふつうに郭の段を造るだけで、横堀をまわそうとはしないでしょうね。やっぱ、考えとるわ。内枡形2からちょうど真正面に堀cを造って、すっーと上がれるようにしとる⑳。

昇太　ほんとだ。まっすぐだ！

齋藤　この定型化していない不完全な馬出（郭3）をどう思います？

中井　いいんじゃないですか。郭3の堀cのルートとは別に、もう一つのルートが連続した内枡形（1と2）で主郭に取り付いている。この二つは主郭に従属する施設で、不完全でもいいんじゃないですか。

齋藤　いいんだけど、馬出っぽい機能も出しているわけでしょ。

中井　郭3は馬出でしょ。

齋藤　そうだけど、そのわりには堀底から出入りさせているのは、もっと考えろよって思いません？

⑲堀cから郭3の平虎口へ

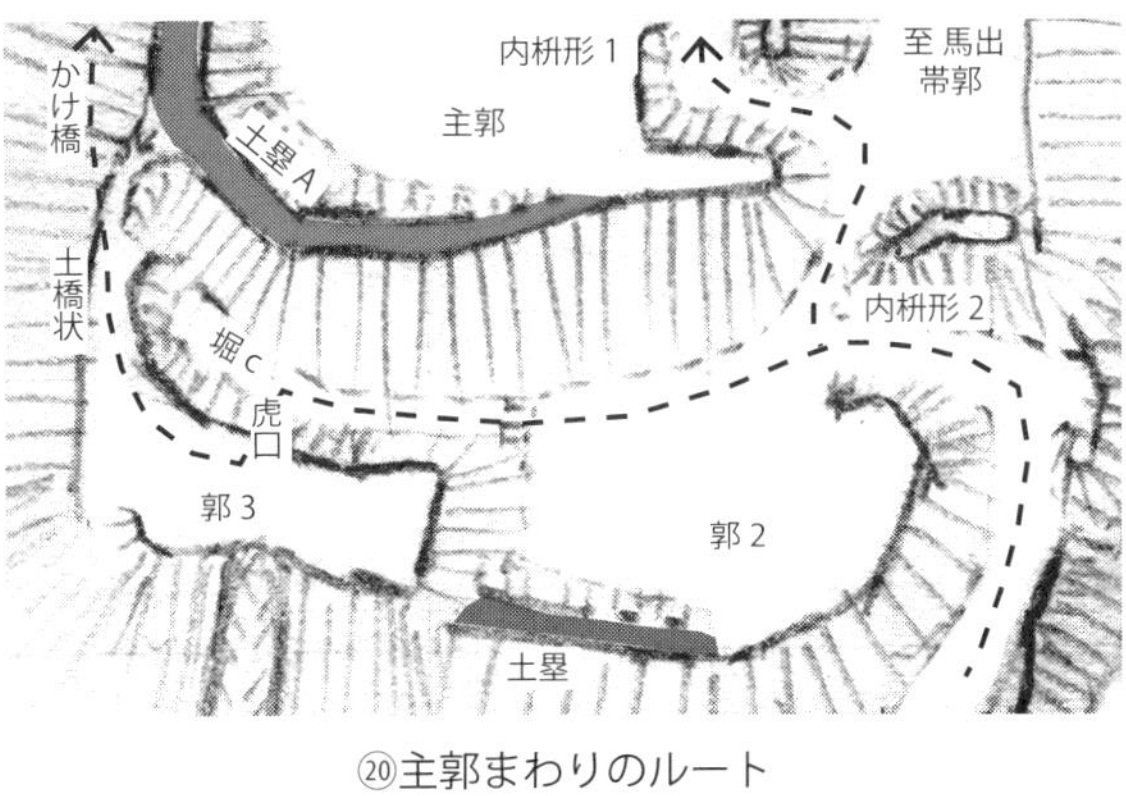

⑳主郭まわりのルート

中井 きちんとした馬出を造るんだったらね。

齋藤 そうそう。郭3にスロープの堀を取り付けて、なにも堀の底を歩かせることはないわけで、そのところの不完全さに時代の古さを感じるけどね。

昇太 たとえばですよ。堀cの入口に門があったら中が見えなくて(㉑)、しかも門のところで防御をしばらくできて、堀底に入ってみたら行き止まりで、スロープから上げさせるって考えてみたら。

齋藤 それはアリだね。板壁で門があれば奥は見えないからね。

昇太 そう考えれば、問題は解消されるように思うんですけど。

齋藤 そうだね。

昇太 匠《たくみ》の技が感じられますね。

中井 こうして改めて見ると、この城は南側の尾根をすごく意識しているよな。

齋藤 背後だからね。意識はしているけど、正面は馬出のある北側だよ。

中井 正面は絶対に北の馬出です。でも南側の尾根に対してすごい意識しとる。

齋藤 造り方に緊張感がある。

中井 うんうん。

馬出の中に内枡形って何?

齋藤 馬出に戻りましょう。帯郭(㉒)を歩いて。

中井 きれいに帯郭がまわってますなぁ。

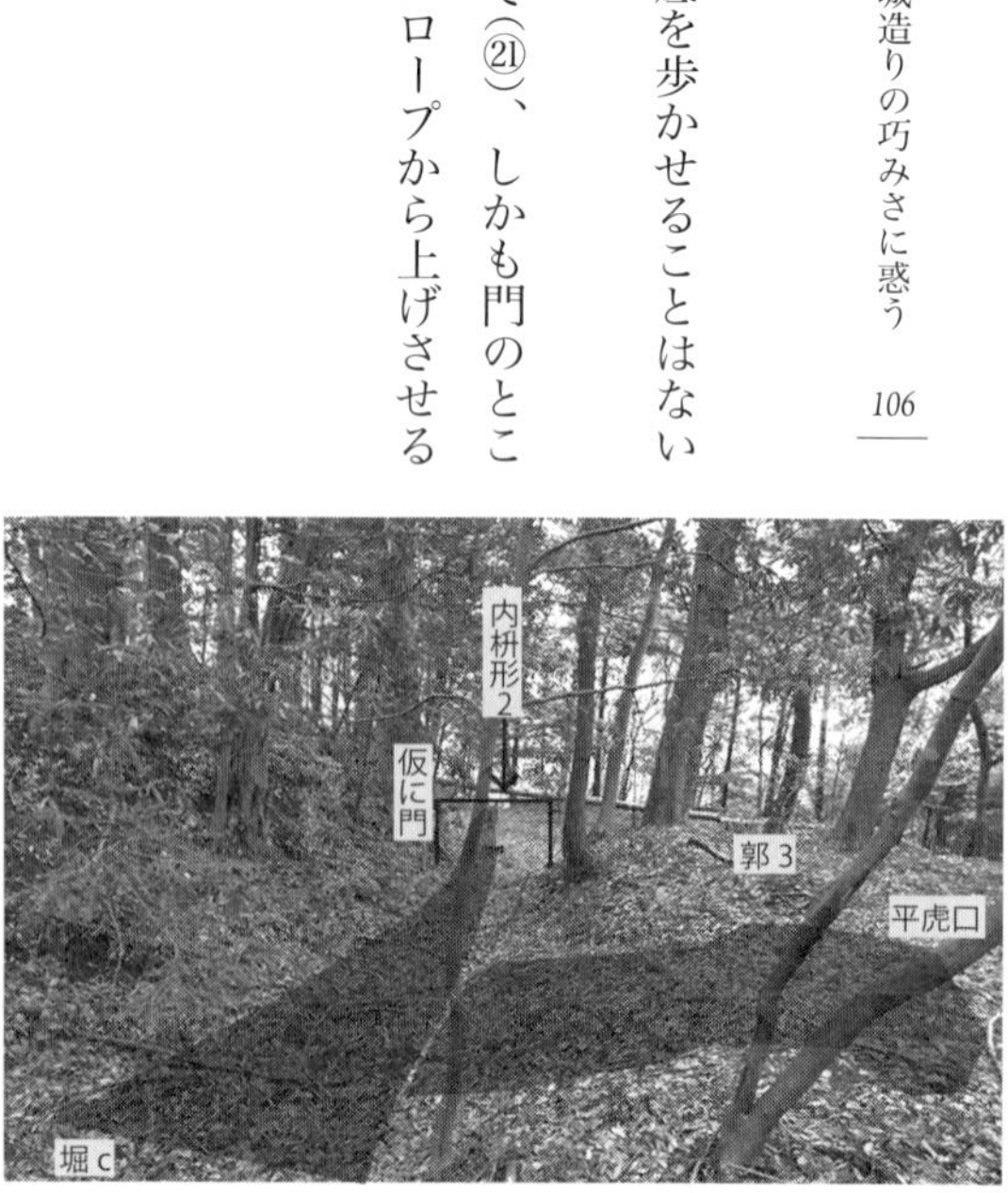

㉑堀cルートの工夫

㉒郭2から馬出に向かう帯郭

中井　――幅も広いね。でもテラスの壁沿いに溝みたいな凹《へこ》みはないよ。
中井　この帯郭は竪堀を落とさないテラスでしょう。ほんとうの帯郭。
齋藤　――ふーん、そう。どうもまだ腑《ふ》に落ちん。
齋藤　いやぁー、この馬出は大きいよ。だけど織豊系《しょくほうけい》の大馬出《おおうまだし》とはちょっと違う㉔。
――織豊系の大馬出と、どこが違うの？
齋藤　織豊系の馬出って、たとえば図にしないと馬出って理解できないほどの大きなものなんですよ。それにくらべて、戦国時代に造られる馬出ってコンパクトなんです。白山城のこの馬出は織豊系の大馬出ほど大きくはないけど、戦国時代の馬出よりは大きいんです。
中井　山城ってこうなんかなぁ。デカいですねぇ〜。
齋藤　強烈だよな。馬出の壁もすごい迫力。
中井　この内枡形3の虎口㉕はすげーな。
昇太　うわーー、すごい。きれいに残ってんなあ。
中井　馬出に付く内枡形！　ありえへん！
齋藤　白山城はとてもいい城だから、勉強するのに良いから城めぐりを始めて早い頃に来るんだよね。こういういい城があたりまえだと思って見ちゃう。だから気づかなかったけど、でもいま見ると、これは戦国ではないって感じるよね。この内枡形3は時代がズレるな。

㉔大きな馬出　手前が土橋

㉓馬出に向かう土橋の入口に石礫が…

㉕馬出の中の内枡形3

中井　この馬出も本来だと両サイドを土橋にしたいところを、あえてど真ん中に内枡形を強引に造っちゃった、というあたりね(㉖)。
齋藤　かなりの力技《ちからわざ》ですよ。
中井　放射状の竪堀は武田氏だとか言っているけど、帯郭をもったり、横堀をまわす城造りの発想は、もっと新しいんじゃないですか。しかもこんな内枡形を置いている。
齋藤　そう思いますよ。戦国の城では、主郭を含めて小さい郭を連続させていくけど、主郭をドーンとデカくとって、その周辺に技巧的な施設を配置していくのは、新しい感じがしますね。
昇太　新しいって、いつ頃のことですか?
中井　ぼくは天正壬午《てんしょうじんご》の乱《らん》(天正一〇年：一五八二)、徳川氏。
齋藤　ぼくもそう思う。天正一〇年より古くはならないだろうな。『家忠日記《いえただにっき》』には新府城に家康が入城したのは八月一〇日とあって、その翌一一日に「新府むかいニあら城普請候」と記載されているんです。従来は、この記載は能見城《のうけんじょう》(4章参照)のことと理解しているんだけど、この記事を白山城の普請として考えてみる必要があるかもしれないね。
中井　なるほどね。角馬出か丸馬出かは別にして、諏訪原城《すわばらじょう》(静岡県)のデカい丸馬出は武田氏ではなくて、徳川氏だとぼくらが言っているように、白山城の馬出のスケールは武田氏ではないと思うけど。
齋藤　それは同感。
中井　ぼくはこのあたりの歴史に詳しくないので、ザクっとした歴史の中に落とすのだっ

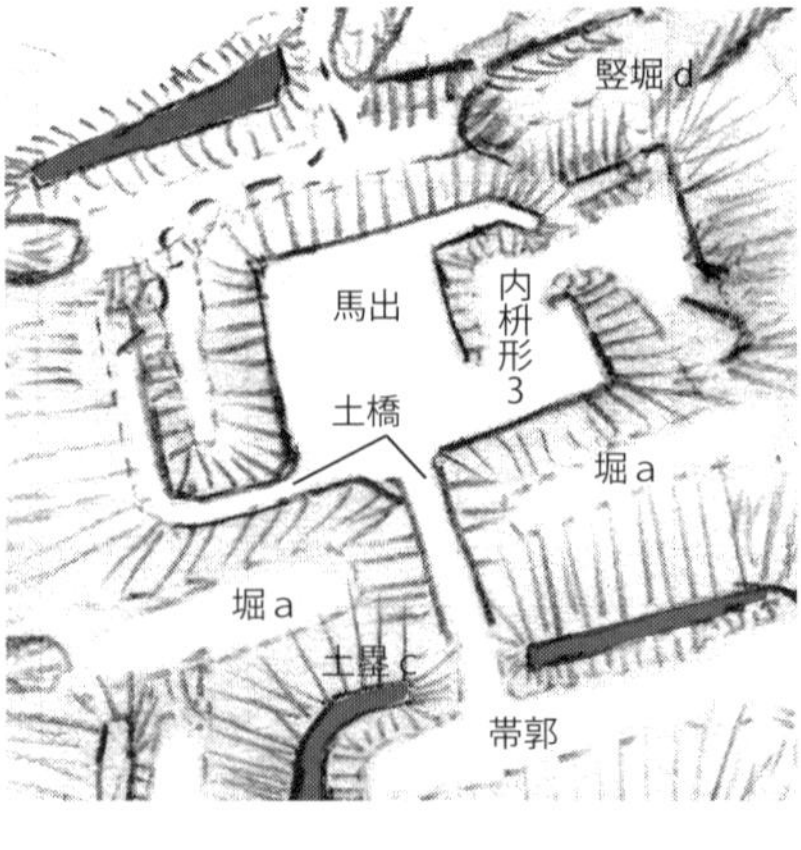

㉖馬出周辺拡大図

㉗馬出談義のさなか

たら、天正壬午の乱しかないのかな、と思いますね。
斎藤　天正壬午の乱の後には、何もないからね。
中井　アカン！　また武田氏の典型的な城が一つ消えてしもた。（一同爆笑）

内枡形の見方がポイント

斎藤　武田氏の典型というのは、すでに否定されているからいいんだけど、白山城の内枡形と躑躅ヶ崎の内枡形との関連ですよね。
中井　白山城のほうが新しいタイプの内枡形ですよ。正面に入れて、左折れさせるというタイプはね（図㉖参照）。
斎藤　でも躑躅ヶ崎の内枡形は土塁で構築した枡形じゃないですか。白山城の内枡形は削り込んでいるでしょ。そこは古そうな感じがするんだよね。
――　改修された躑躅ヶ崎より白山城は古い？
斎藤　中井さんは白山城の枡形は一折れになっているけど、躑躅ヶ崎は直線的でちょっとズラしているという差があるから、白山城のほうが新しいと見るわけでしょ。ぼくは削り込んだ枡形の白山城のほうが土塁で作る躑躅ヶ崎よりも、古いんじゃないかって思う。
中井　それは築城の機能というのかな。白山城は陣城っぽいじゃないですか。だからきちんとした枡形は削り込んでしかできないけど、躑躅ヶ崎は居城としての意識があるから、造り方の差は、城の機能の違いにあるんじゃないですか？
昇太　山を削って造らなきゃいけない白山城と、躑躅ヶ崎とは条件が違いますもんね。

齋藤　そうですね。白山城の内枡形は、出入口をズラすのではなくて、クランクさせて一折れしている。ここがポイントだね。

中井　そうです。平地の城で見る限り、この枡形の造り方は、かなり新しいですよ。文《ぶん》禄《ろく》・慶長《けいちょう》くらいであっても、おかしくない。

齋藤　そんな感じはします。陣城っぽいと中井さんは言ったけど、馬出を囲む堀が気になるんです。この造り方は陣城じゃないかもしんない。

中井　このスケール感ね。なるほどね。

昇太　もともとあったところを改修しているのかなぁ。

齋藤　改修があるのかなぁ。それにしては、絵に描いたような縄張りだよね。

昇太　すごくきれいにできていますよね。

中井　きれい。でも時期でいうと、天正壬午の乱は賤ケ岳《しずがだけ》合戦で陣城を造るのと同じ時代なんですよ。天正一〇年と天正一一年。

齋藤　そうですよね。天正壬午の乱は、徳川氏と北条氏が四か月間も対陣していますから、けっこう時間がかかっている。その間に造ったのかなぁ。

中井　馬出の外まで行ってみましょう。北の端がどうなっているか確かめないと。

土塁と竪堀を組み合わせた虎口

中井　〔馬出の先端に立って見ると……〕おいおい、土塁Aを途中で止めて、その先から竪堀aにしているけど（㉘）、これはなんだ?

㉘土塁と竪堀の組み合わせ

㉙土塁と竪堀の間を通す虎口

昇太　なんか趣味人だなぁ。竪堀を掘った土で土塁を積んだってことですか？

中井　すごいきちんとしとる。ということは、この間は土橋みたいに残しているわけでしょ。

齋藤　この間を歩かせているね(㉙)。虎口だよ。北の方から上がってくることは、確かに考えているな。

中井　土塁Aの北側にも道は続いてそうだね。土塁Aと竪堀aの間に虎口があって、虎口の先の堀bに入れて、馬出の土橋につなげているんだと思う(㉚)。堀bの底を歩かせて土橋に上げる。

齋藤　そうだよ、きっと。

中井　うん、堀bの端(図㉚の▶)から上げてますな。堀の上の土手を歩かせて、馬出の土橋を渡らせるようにしとる。うん、間違いないですね。正解！

齋藤　堀底のルートとは別に、土塁Aの端から竪堀bを越える橋があるのかなと思ったけど、橋はなかったね。堀底を歩かせるルートで間違いない。この土塁Aは堀底を見せないために造ったんだよ。しかも竪堀bを入れて通路の向きを決めている。

中井　土橋(㉛)は馬出に付く通路でしょ。だから本来テラス2はぶち抜いてもいいのに、ぶち抜かなったのは、馬出の通路を造るためだね。こんな通路を歩かせたり、さっきの土塁Aを見ていると、賤ヶ岳の堂木山《どうきやま》と同じような気がしますよ。玄蕃尾城《げんばおじょう》は別格やけど、堂木山とか神明山《しんめいやま》っぽい。

齋藤　尾根の斜面の方向に横堀を平行に入れて、ちょっと距離をもたせた土手の上を歩か

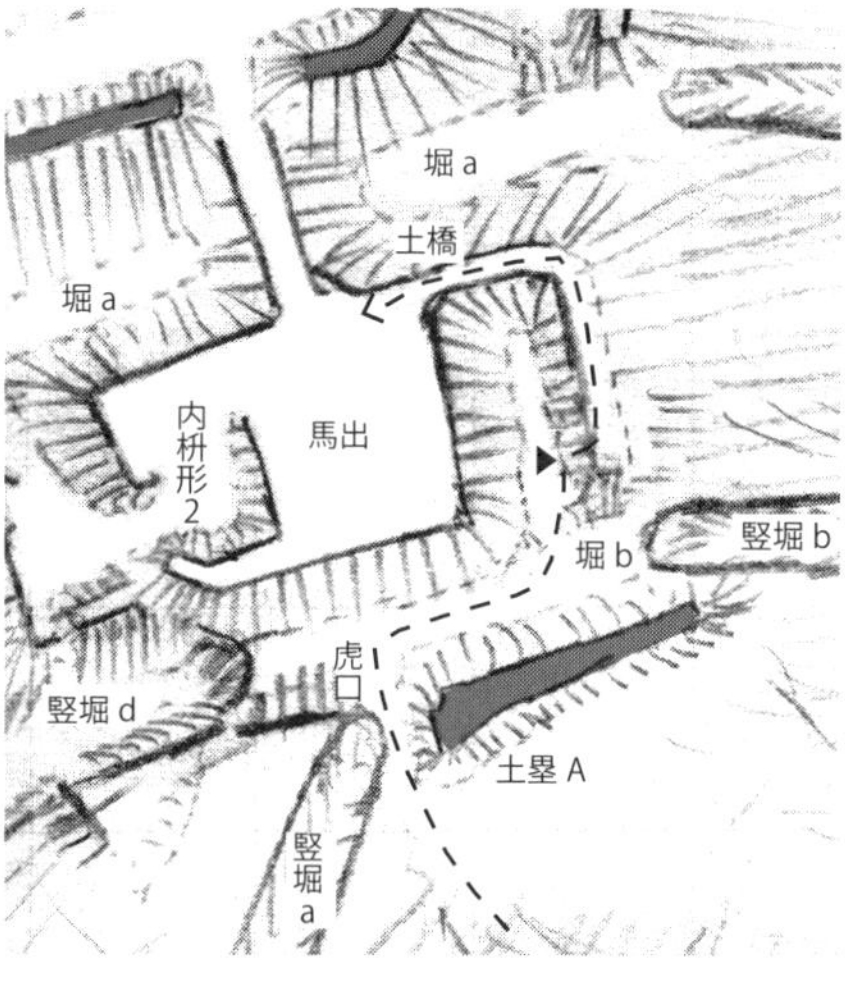

㉚馬出まわりのルート（正面の北側が図の下）

㉛馬出に入る土橋

せて、最後に土橋で郭に入る。これと同じような造りは、馬出であるかどうかは別として、山梨では大月市の駒宮砦《こまみやとりで》にあるのです。そこの入口も同じタイプを使っているんですよ。

中井　そこは古手なんですか？

齋藤　ちょっと古手（戦国期）。

中井　もう一度、馬出の先端に行って確かめていいですか。

昇太　馬出から下をながめると、ほんとにおもしろいな㉜。左は土塁、右は竪堀。堀を掘った土で土塁を造ったと思えるほど、同じサイズ。

中井　すごいねぇ。師匠、ここから主郭をふりかえって見て、圧巻やわ。

昇太　うわぁーー、カッコいいっーー！

中井　このロケーション、やっぱ北が正面ですよ㉝。

齋藤　だろうね。

――ひと通りみましたね。内枡形3を出た先がどこに行くのか確かめながらの下山でよろしいでしょうか。

かけ橋を渡すための帯状のテラス

中井　行きましょう。ほっほー。馬出を出ると右折れさせているね（図㉟参照）。この先は竪堀eと仕切り土塁で遮断しとる。まさにここは橋を架けんと渡れんわ。

齋藤　竪堀eに取り付くようにある土盛りは、橋脚台《きょうきゃくだい》だな㉞。

中井　橋脚台でしょう。

㉜馬出の上から虎口をながめる

㉝正面性の高い馬出の壁

齋藤　高さも竪堀eを越えたテラス3側とピッタシ合っているね。ちゃんと土塁と橋脚台を分けている。

中井　橋脚台に上がるスロープも生きているな。この橋を使ってしか内枡形3には入れないですね。南からずっとまわしとるんですね。

齋藤　そうなりますね。ということは、白山神社から登ってきた道も生きていて、馬出は二方向に対応しているんだね。

中井　あの道も使うんですね。正面は北だけど。〔ほぼほぼヤブの中をひたすら歩く〕

齋藤　でもなんだか帯状のテラス3は無理してつなげているよね。

中井　最後は通路がないのかもしれんけど、一応、テラス3から竪堀を落として、防御ラインにしてますね（㉟）。

――　こんな狭い道になぜ橋脚台まで付けるんだろう？

齋藤　もしかしたら、ずっとかけ橋なのかもしれない。

――　テラス3の上をグルっと、かけ橋で渡すの？

齋藤　そうそう。テラス3はかけ橋の柱台。だから部分的にテラスがみえなくなるのかもしれない。ここのかけ橋もそうだけど、主郭の西にあったテラス1も一部が切れていたじゃないですか（図⑯参照）。主郭の平虎口と郭3までをかけ橋でつないでいると考えれば、その下にある細長いテラス2は、かけ橋の下を支えるために造ったんじゃないのかね。

㉞橋脚台

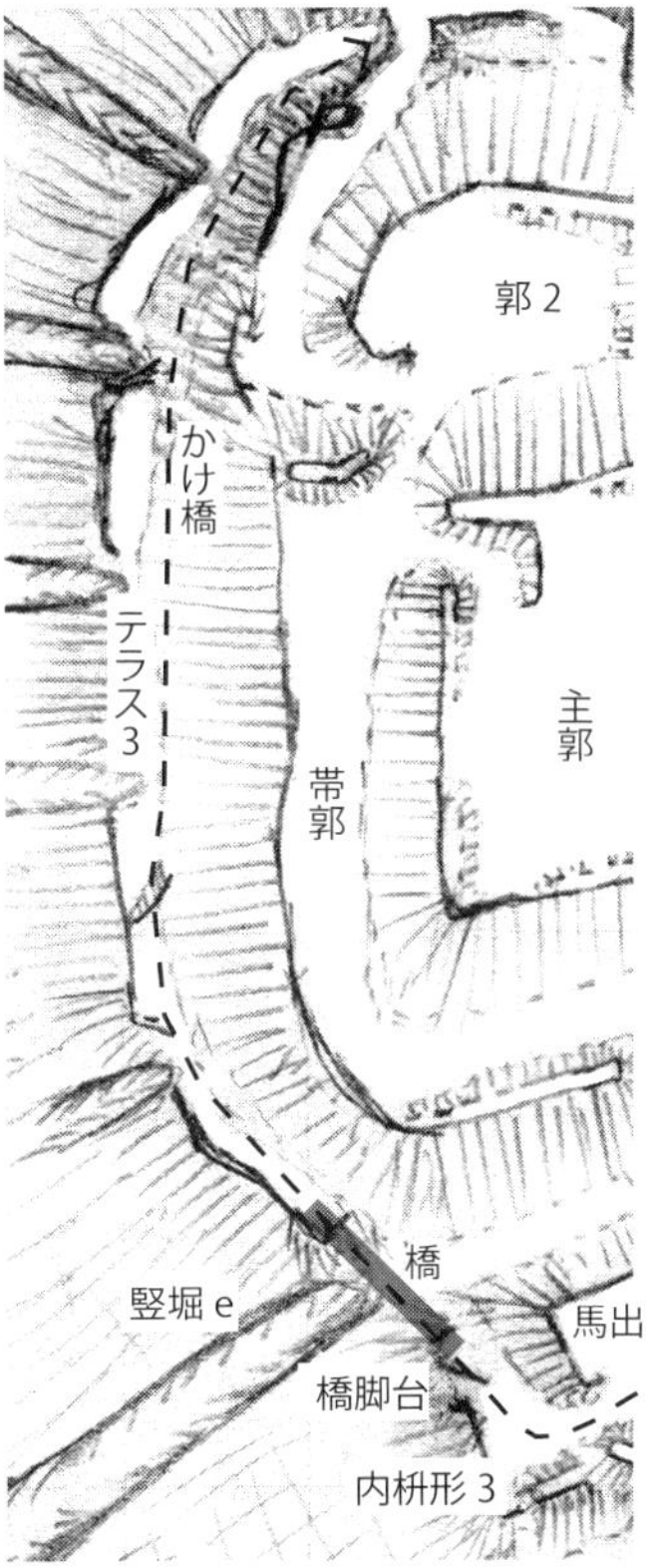

㉟内枡形3・橋脚台からのルート

かけ橋の柱を据えるためのテラスだから幅もない。中井さんは横堀かも知れないって言っていたけど、横堀ではなく、溝でいいと思うよ。

中井　防御ラインではなくて？

齋藤　テラスから竪堀を落とすから、防御ラインもかねているんだよ。

中井　そうなると、かけ橋は上の方に架かるってこと？

齋藤　高低の差はあると思うよ。テラス3は比較的斜面の下の方に橋を架けるんだろうけど、主郭の平虎口につなぐかけ橋は、主郭に近い斜面の上の方に架けざるを得ないでしょ。

――そうか！　細いテラスは、かけ橋を支えるためでもあるのか。溝に柱を据えると。

齋藤　そういうこと。

中井　なるほど。そういう考え方もできるね。

――でもテラス4にかけ橋はないよなぁ。細いテラスに雨水がたまらないよう、壁際に排水溝を掘ったとか？

中井　排水溝はないわ。全国的な発掘でも雨水の排水溝って、主要な郭でしか検出されませんから、防御ラインをかねたテラスに排水は、ないない。

――そうなんだ。だいたい見おわったから、下山していいですか。

昇太・齋藤　いやぁ、去りがたいねぇ〜

白山城はいつ造ったか？

中井　じっくり白山城をみたけど、単純に主郭と馬出だけではないことがわかったね。とくに主郭の両側がおもしろい。放射状の竪堀より、内枡形も含めてすごく技巧的な造りですよ。ホンマ、目からウロコです。こんなに見事だとは思わんかった。
齋藤　いやー、悔しいね。これだけ遺構が読めて状況もわかったのに、「いつの時代の城か」はっきりわからないって。
昇太　これだけのことをしているのだから、古いものではないのは確かですよね。
齋藤　時期は織豊でしょうね。
中井　織豊といっても、織田も豊臣も除いた織豊、徳川じゃないですか。
齋藤　豊臣期であることは間違いないね。
中井　いわゆる西国の織豊系の陣城と全然様相は違うけど、似たところがあるというあたりが、すごくおもしろい。
昇太　ほんとテクニカルで、この狭いエリアの中にいろんなことをつめこんじゃった、って感じ。
中井　白山城に地元の伝承がないのも、うなずけますよ。陣城だから地元に伝承は残らないパターンですな。それをあえて武田氏や武川衆に結びつけているのはおもしろい。
齋藤　陣城という根拠は何でしょうか？
中井　何でしょうかと言われますと、つらいです……
齋藤　陣城と決まれば、白山城の時期は天正一〇年（一五八二）になると思うけど、馬出まわりの堀のスケール感からいって、陣城とは決めがたいものがあるな。恒常的な施設とすると、いつの時代なのかが、わからなくなるんだけどね。

中井　恒常的な施設でも良いと思うんです。天正壬午の乱の対陣が結果的に四か月間で終わったというだけで、城を造る段階では、何をしたのかはわからないけど、恒常的な施設として築城しようとしたのかもしれない。

齋藤　そうですね。恒常的な城を築こうとしたから、こんな造り方にならなかったのかなぁ。中井さんがいうように陣城に近い、コンパクトな造り方だからね。

中井　たとえば近江で見ると、境目の城は境目を維持管理するために、恒常的な城を造るけれど、その恒常性はいわゆる土豪層の詰城とはまた違う造り方になる。

齋藤　そうでしょうね。ただもし、ここで境界の話をするのであれば、総合調査をしたときに境界の話は出るはずだけど、ないんだよ。

――ちょっと待って！　土豪層の詰城と境目の城では、造り方にどんな違いがあるの？

中井　土豪層の詰城は戦争になったら立て籠もる防御施設だから、郭が一つか二つあっても住むことをあまり考えてないね。境目を維持管理するための城だと、たとえば近江の例でいえば、鎌刃城《かまはじょう》があるよね。ぼくが発掘したんだけど、いくつかの曲輪には御殿的な礎石建物もあったり、立派な門もあったりして、山の上に住む城なんです。戦うだけの機能ではなくて、領主が居住する機能も求められたわけ。

ナゾだらけのルート造り

――なるほど、白山城も恒常性はありそうだけど、境目の城ではなかろうってことね。ところで、白山城の正面は北なんでしょ。

中井　北の馬出をデーンと見せたい、というのは間違いない（㊱）。

齋藤　南の尾根を登ってくるところの入口はチンケだったしね。北が正面だと思うよ。気になるのは細いテラス3を通す道（ルートA）と、主郭にそのまま上がってくる道（ルートB）の二つがあったね。でも主郭に向かう道は開けたくないよ。

中井　開けたくないとは？

齋藤　白山神社のほうから主郭にまっすぐ行く道（ルートB）は、内枡形2に入って郭2で右折れして、主郭には左折れで入れているけど、テラス3のルートAは馬出に行くよね。

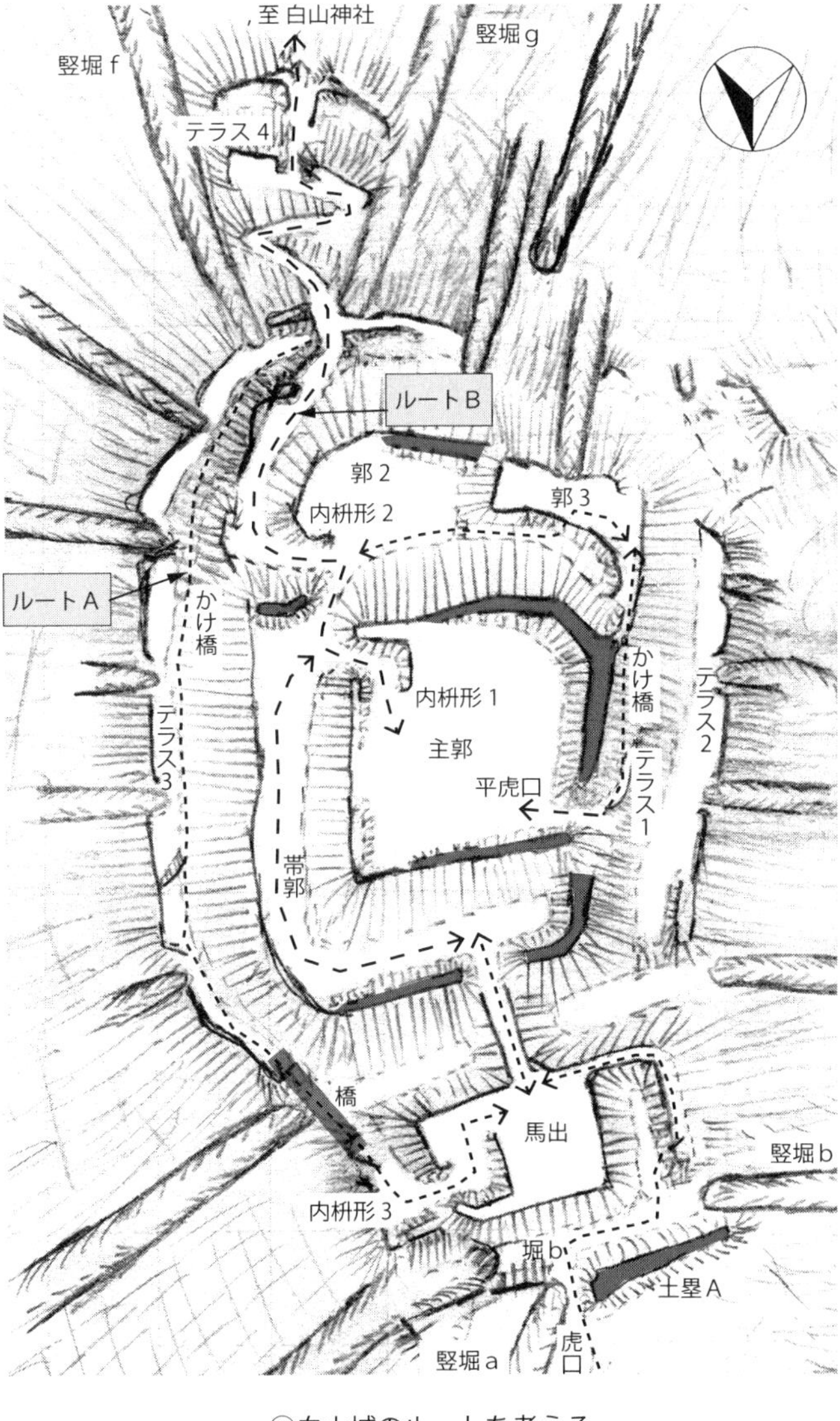

㊱白山城のルートを考える

中井　不思議ですね。細いテラス3のかけ橋を渡って、馬出の内枡形3に入れているのは。

齋藤　馬出に内枡形3があるんだから、それがベストのルートでしょ。でもどっちかのルートにしたいよね。

昇太　時期差ですか？

齋藤　いやぁ、でもそんなに時期差を感じないんだよなぁ。

昇太　主郭に行く道は、ルートBが正規のルートですよね。

中井　一番深く掘っているハの字の竪堀（f・g）は、その間のルートを確保するためで、そこにテラス4を一つ置いている。

齋藤　だよね。内枡形2を出ると、広い郭2があって、変形型の馬出（郭3）の堀底から入っていくルートがある（図㊱参照）。でも、主郭への道が閉じていたら、テラス3（ルートA）に行くしかないね。

中井　主要な道はまっすぐ主郭に向かって内枡形2に入れると思うんですが、馬出の内枡形3は人を入れさせるものだから、南から登って来た人は城内兵から「すんません、右へおまわりください」みたいになるね。なんで二股にルートを分けているのか納得できんな。

齋藤　でしょ。でも、そうなっちゃうんだよ。これを時期差とみるか？

中井　でもわりと統一的なデザインになっているじゃないですか。

齋藤　一気に造っている感じはあるね。

中井　洗練されていると思いますよ。城の正面は馬出のある北側であることは間違いないでしょう。あの内枡形3だけが気になるだけで。

白山城に改修はあったか？

齋藤　変わった造りだよ。
昇太　もともとあったお城に馬出も付いていて、あとで改修するときに南側に登城路を付けたから、わざとまわらせるルートA（テラス3）が造られたと思うのですが。
齋藤　時期差なのかねぇ。
中井　馬出の内枡形3は、後で取って付けたような感じがしないでもないけどね。
齋藤　ということは、もともと馬出があった、ってこと？
中井　うん。どうもあの内枡形3は新しく見えるんです。ふつうの馬出だと内枡形は必要ないわけです。馬出の内枡形3と土塁A・竪堀aは、あとで付けたという気がせんでもない。
齋藤　馬出の土塁Aは、堀底を見せないようにしているわけじゃないですか。堀底を歩かせるということは、虎口から入れるということだし、堀底に竪堀bを組ませているのは、通路を絞った入口にしようとしているのだから、馬出の設計と連動しているわけですよ。土塁Aと竪堀aは、後付けではないでしょ。
――違和感があるのは、馬出の中にある内枡形3。
中井・齋藤　それだけ！
昇太　この内枡形3は南から登ってくる人のものじゃないですか。だから最初はそんなの必要なかったと思うんです。

齋藤　もしこの外周させるテラス3のルートAが生きているとすると、主郭に直接あがるルートBは全く不要だよね。
昇太　テラス3のルートAは出撃用として使ったんじゃないですか。
中井　城内兵が北から来た敵に対してテラス3を通って行くというルートがあってもいいんだけど、でもあの馬出の内枡形3はものすごくデカくて、すごい正面性があるんですよ。出撃用のルートに内枡形は必要ないでしょうね。
齋藤　そうだよねぇ。そうすると、やっぱり改修があったのかねぇ。主郭の平虎口には、馬出から土橋を渡って、かけ橋で入っていたよね（図㊱参照）。ということは、後から主郭と郭2の内枡形を二つ造り足したってことも考えられるよね。
昇太　主郭の平虎口にかけ橋で入るルートが最初にあって、内枡形を使ったルートが後から造られたと。
齋藤　内枡形1と内枡形2は距離も近いね。この二つの内枡形が後から追加されたとすると、その前は主郭の平虎口に入るかけ橋のルートだけになるから、地形にあった出入口しか設計していなかったことになるね。その後で馬出にある内枡形3も追加された。
中井　追加されたのは、全部、内枡形だね。
齋藤　この三つの内枡形は、あとから造られて、主郭への登り口を造り変えたと考えることもできるかもしれないなあ。
――そのタイミングは天正壬午の乱になるの？
齋藤　改修があったとしても、馬出を基本とする構造とはあまり時間差がなくて、全体的に統一感のある構成になっていると思うな。ルート自体は変化がなくて、内枡形だけ付加したのかなあ。

中井　築城に際して馬出を構えていたのに、四か月の対陣のなかで内枡形を付け加えたのではないのかな。統一的なセンスの縄張りからみて、ほぼ同時期とみてよいほどの時間差の改修だと思う。おそらく白山城の築城は天正壬午の乱でしょう。

齋藤　まだまだナゾだらけだけど、内枡形を備えた白山城は、山城なのに人の歩かせ方は平城のようなプランニングだし、徳川氏は牧野城(諏訪原城)を造っているから、白山城のような城があっても不思議ではないんだよね。

まあ、白山城の時期は、天正一〇年以後であることは、中井さんと一致をみたと思うけど、チェックすべきは天正一〇年の武田滅亡のとき、勝頼が新府を造る過程の中でこの白山城を造ったかどうかだね。

中井　そのストーリーもあるね。

齋藤　それは新府を見てから考えましょうか。

4章　新《しん》府《ぷ》　由緒を尊ぶ未完の名城

新府三日月堀にて（2018.4.17）
左から齋藤慎一氏、春風亭昇太師匠、中井均氏

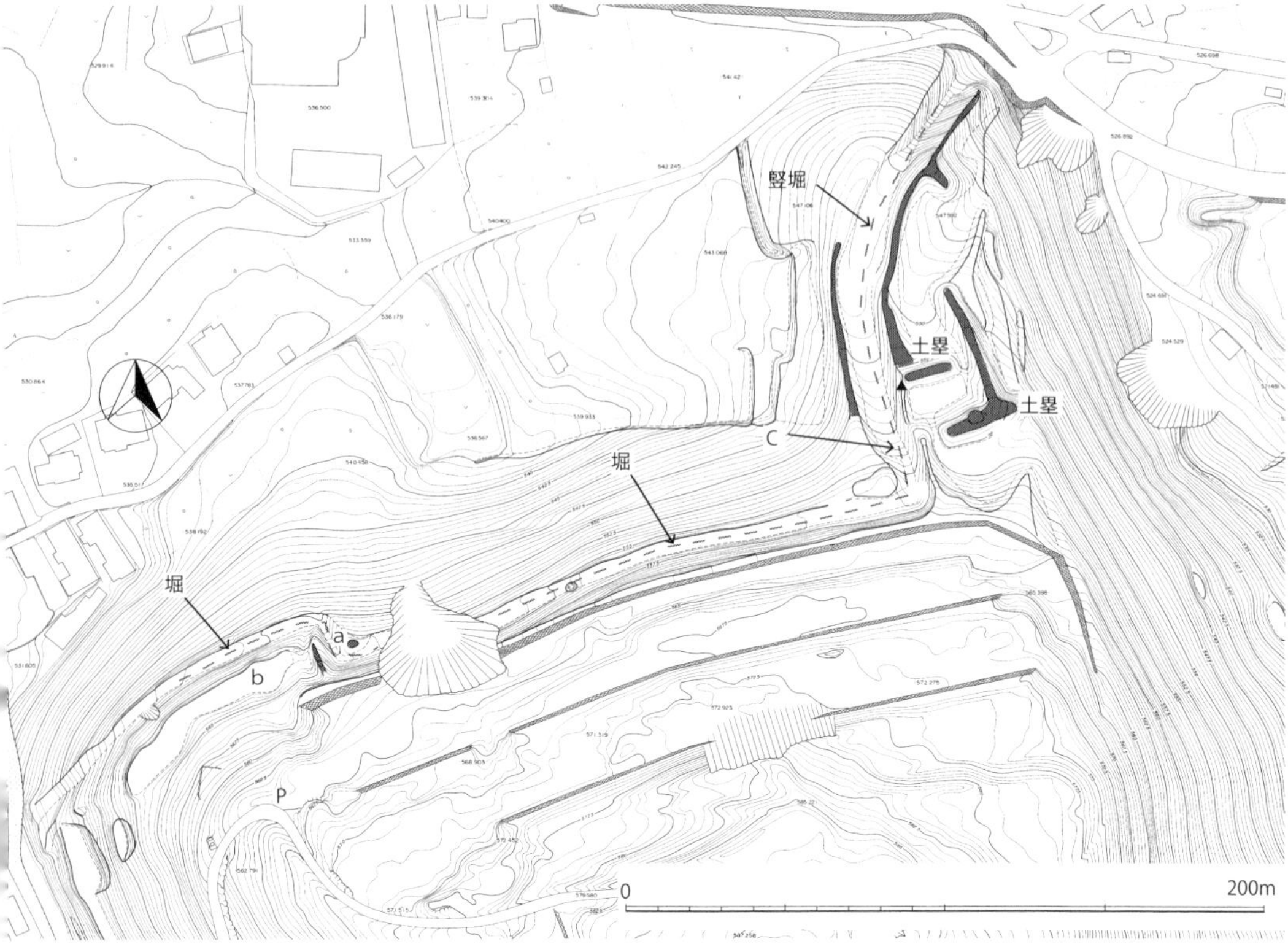

①能見城測量図

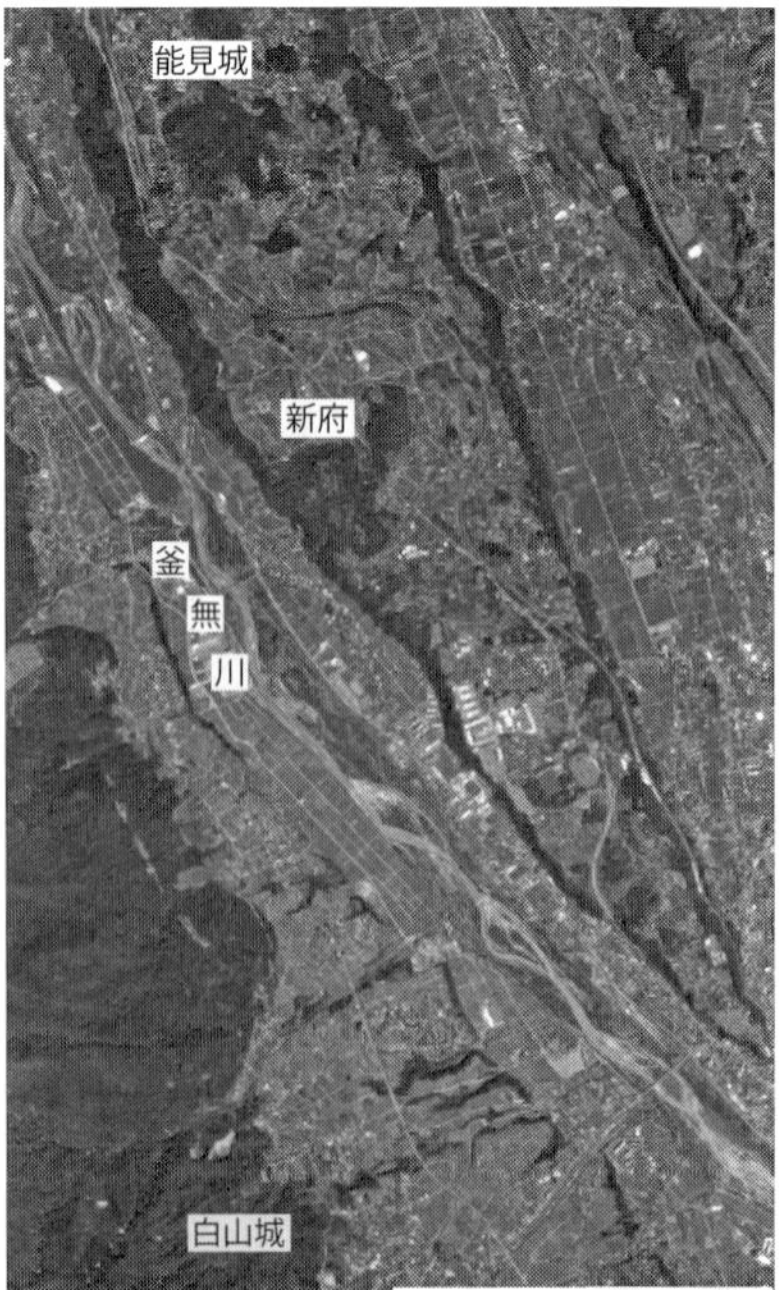

②新府・能見城・白山城の位置関係

齋藤　新府《しんぷ》に行く前にちょっと能見城《のうけんじょう》（韮崎市穴山町）に寄りません？
中井　そう来ると思って図面を準備してたよ。
齋藤　さすが！　能見城は何回かチャレンジしたけど、場所がわからなかったんで初めてなんだ。
中井　ぼくは発掘しているとき（二〇〇四年）一度来たけど、よくは見なかったな。
昇太　ぼくも能見城は初めてです。この城は新府が落ちた後に造ったんですか？
齋藤　天正壬午《てんしょうじんご》の乱《らん》（一五八二年）のとき、北条氏が甲斐の若神子《わかみこ》に着陣したんで、家康《いえやす》が新府に本陣をしいて、北条方に向けてラインを造ったと言われているんです。だけど、武田勝頼《かつより》が織田《おだ》勢に備えて造った可能性もあるんじゃないですか。
中井　そうかもしれんね。新府との距離感からすると②、白山城も能見城と同じ時期に造ったかもしれんね。新府には勝頼も家康も入るんだから。
齋藤　新府の西側は釜無川《かまなしがわ》があって、崖になっているじゃないですか③。川向こうの平地の部分をもし敵方に行かれたら、新府からは川向うに渡れないんだよね。白山城を造るのはそのためかもしれないね。
中井　距離的にも新府と能見と白山をいっしょに考えるといい感じですね。
昇太　白山に城を造る価値がありますね。

能見城の巨大な横堀

――〔能見山の長靖寺に上がるダートな山道〕ここは四駆じゃないとムリだね。

【能見城】
〈所在地〉　韮崎市穴山町夏目
〈アクセス〉　ＪＲ中央本線 穴山駅下車、徒歩約二〇分

③釜無川の河岸段丘上にある新府

齋藤　この崖の下に堀があるんだろうな。降りてみますか。
中井　行くしかないでしょ。〔しばしヤブコギ…〕
――　平たいところに出たけど、ここが城なの？
中井　そう。後ろの山が能見山。でも山のてっぺんは何もいじらないんですよ。
昇太　ここが堀ですか？（④）
齋藤　そう。堀でラインを造っているんだけど、堀幅もデカい。ちゃんとクランクしているところ（図①のa）があるね。
中井　横堀《よこぼり》に折れを付けているのね（⑤）。
昇太　クランクしたところの上が虎口《こぐち》っぽいですね。
中井　堀に折れを付けているだけでしょ。虎口はある？　ルートは右折れ、左折れで、二段に折れているけど。
齋藤　クランクだけで、上にテラスbがあるだけだな。
中井　テラスで虎口じゃないね。上にもあがれないな。能見城はとにかくこの深い堀を延々と造っているわけでしょ。スロープ状にあがる堀が折れて、東にもずっと伸びていて、いま歩いてきた堀が一段下で西に伸びとるんですね。
昇太　この堀を延々と造っているんですか！　この土木量はすごいですね。
中井　堀の上端は土塁状に残っているな。わざわざ横堀にするために、土塁にしとる。
昇太　北の方から来たって、土塁があるから先に堀があるのがわからないってことですよね。間際《まぎわ》まで来て初めて堀があるのがわかるんですね。

④能見城の堀底

⑤クランクする堀

中井　そうですよ。堀の中を人が動いたって、外から見てもわからんね。
齋藤　堀の山側もすごい壁だよ。能見山の上にお寺を造ったから、壁はかなり壊れているけど、しっかりしているね。この壁の向こうに少し斜面が見えるんだ。壁を造るために削り込んでセットバックさせているらしい。
中井　山側の壁が切岸《きりぎし》ですね⑥。
齋藤　そう、ずっと切岸なんです。すっごい高さだよ。
中井　ほんでその下に横堀があるのね。部分的に崩れているけど、切岸のラインは続くんですね。
齋藤　そうそう。
中井　山際の天端までを切岸の壁と考えるのだったら、堀がクランクしているのは、その場所から壁を高くするために、わざわざ曲げたんじゃない。堀の北側はダラッとしているから、ここから壁を高くしたんだ。
齋藤　もとの地形の傾斜が緩かったんだろうね。堀に折れを入れて、切岸の角度をきつく切り替えたんだな。

能見城の土塁がこみの郭

昇太　〔黙々と堀の中をひたすら進む……〕いまずっと堀底を歩いているんですよね⑦。
齋藤　そうそう。しかしこんな堀、短い間に造っちゃうんだね。
中井　人海戦術《じんかい》でしょう。

⑥延々と続く切岸

⑦真っ直ぐ伸びる大きな堀

齋藤　おっ、堀が九〇度折れたところが、みごとな壁（図①のc）になっている（⑧）。

中井　すげー！　切岸や。

齋藤　小田原城の惣構《そうがま》えを見てるみたい。図①を見ると、この壁の先に郭があるんじゃない？

中井　登っちゃいましょう。おっ、いいじゃん！　土塁がまわっているじゃないですか。完全に郭になっとる。

昇太　すごーい！　土塁で囲ってるんだ（⑨）。

齋藤　土塁をL字にしている。しかしすごいな。

――鳥取城《とっとりじょう》攻めの陣城、太閤ケ平《たいこうがなる》の映像が浮かびましたよ。

⑧ 90度に折れる切岸

⑨土塁でかこまれた郭

⑩仕切り土塁で口を造る

中井　そうなんですよ。この時代だと秀吉《ひでよし》の鳥取攻めで陣城にも土塁のラインを造るからね。仕切りの土塁もあるし、その先にもう一本土塁があって食い違いにしとる。
昇太　うっひょーー。土塁でちゃんと口を造っている（⑩。図①の▲）。
中井　浅野文庫《あさのぶんこ》の絵図にもちゃんと描かれとるね（⑪）。九〇度折れて北に竪《たて》堀《ぼり》が向かっている。
齋藤　そうすると、北の方向に開いているんだ。スケールがデカいね。
中井　浅野文庫の絵図には、諏訪原城《すわばらじょう》の外郭《がいかく》ラインに互い違いの堀が牧之原《まきのはら》台地を遮断するように描いてあるんだけど、絵図は信用できそうやね。いまは堀の痕跡なんか全くないけどね。浅野文庫、やるなぁ。
齋藤　尾根線上に土塁が北に向かって降りているね。土塁の外が竪堀だよ。
中井　そうですね。北の土塁と竪堀を見てから戻りますかね。

能見城の巨大な竪堀

昇太・齋藤　おっ！　おっ！　すげぇ〜〜〜〜
中井　二人して何を叫んでおられるんですか。ぼくも叫ばなアカンのやろうな。
齋藤　これは息をのむよ。
中井　ひえー。すっげー竪堀！　能見城、ちょっと感動した（⑫）。
昇太　堀幅がハンパなくデカっ！

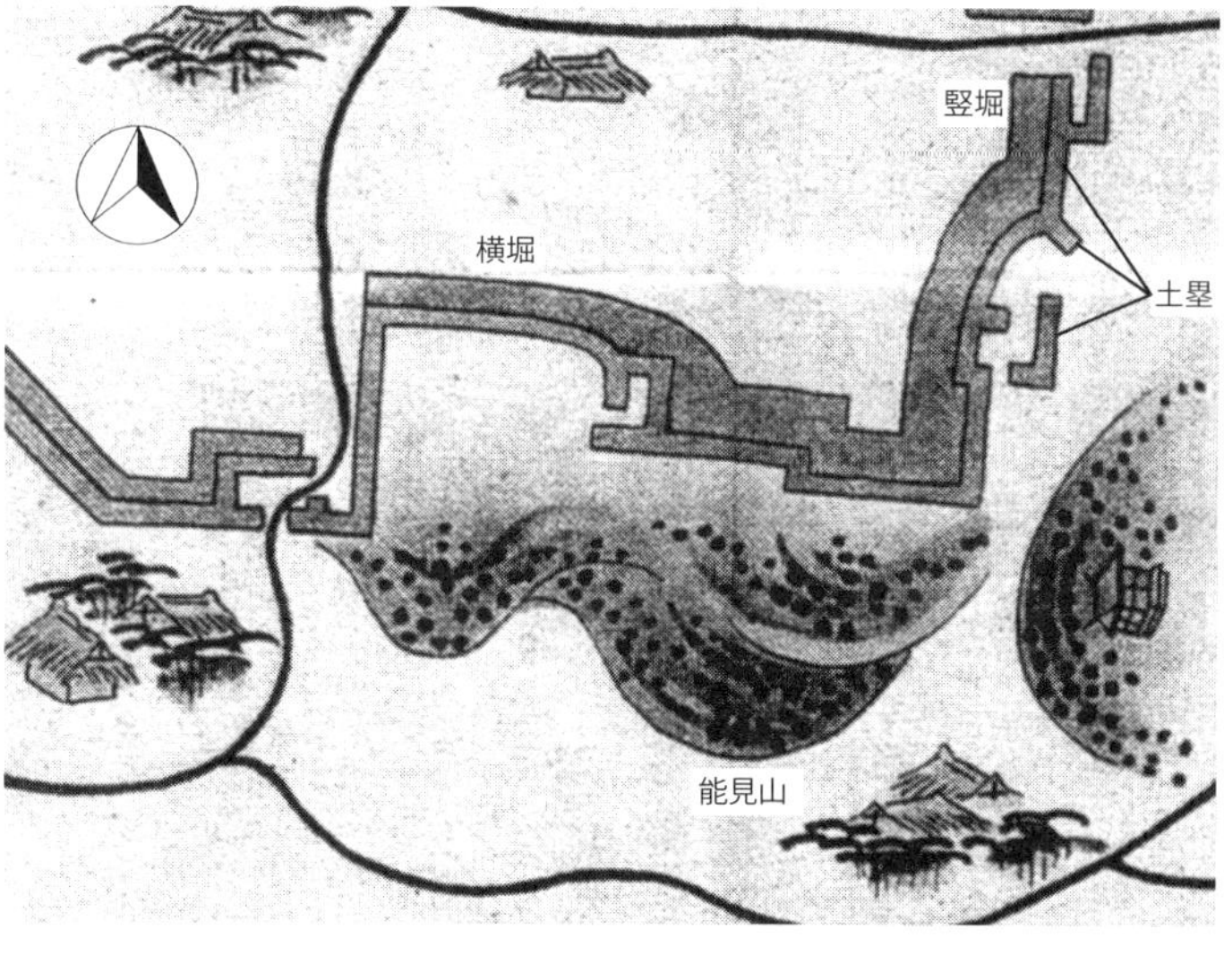

⑪浅野文庫の絵図に描かれた能見城（部分）

齋藤　この竪堀が一番、残りが良いんだ。

中井　竪堀を落として、両壁も削っとるな(⑬)。倭城《わじょう》の竪堀をみているようですよ。

昇太　東は土塁になっているけど、西側はどうなんだろう?

中井　土塁にはなってないね。きちんと堀の壁を造っているんですよ。かなり広い堀にしてるんだ。

齋藤　来てよかったね。

中井　すんません、能見城を見ずして新府を語るなってね。今まで語ってましたけど。(一同爆笑)

昇太　順番は正解でしたね。白山城をみて、能見→新府は正解。

中井　要害山《ようがいさん》が一番質素な造りに見えてきたな。

昇太　やっていることの真剣さが違いますね。

中井　甲斐の居城にしようという躑躅ヶ崎と、「平岩くんちょっと入っといてくれ」という要害山とでは、城の造り方が違う。

⑫竪堀を上から見下ろす

⑬竪堀を下から見上げる

昇太　真剣さが見えるというか、差があるのがよくわかる。能見城はそうとう緊張感があったんでしょうね⑭。天正壬午の乱のときだとしたら、甲斐一国を取れるかどうかで、その後の状況が全然違いますもんね。甲斐を抑えられるかどうかで、徳川と北条の動きは違ってきますからね。

齋藤　勝頼が織田勢に備えて造ったとしても、緊張感はあっただろうね。しかし能見城は、城を見るにはかなり難易度が高いね。これを理解するのは大変だろうな。

昇太　能見城を徳川が造っても武田の家臣や甲斐の人たちに造らせたら、こうなりますもんね。

――大規模公共事業で食料から何から支給されて、一気に仕上げたんだろうな。

中井　とんでもない土木量だから大動員ですよ。

昇太　今の感覚で語っちゃダメなんでしょうね。当時の人の無尽蔵の体力と人海戦術の産物ということですね。

中井　戦国の山城を造るのとは、動員力が全然、違うな。

昇太　地元に住んでいる人たちも、戦争が始まって「お城造るぞ」って言われたら、特需《とくじゅ》景気《けいき》みたいなもんなんでしょうね。貴重な現金が落ちて、働く場所もできる。だから農作業よりも実入りの良い仕事だったんでしょうね。たぶん、この背負いカゴに入る土を何回運んだかでお金払うぞ。なんて言われて、そうとうガンバったんでしょうね。

中井　そうだろうね。甲斐の人たちはガンバったんだよ。

齋藤　いやぁ、来てよかった。そろそろ新府に行きますか。

⑭竪堀の残りのよさに感動中

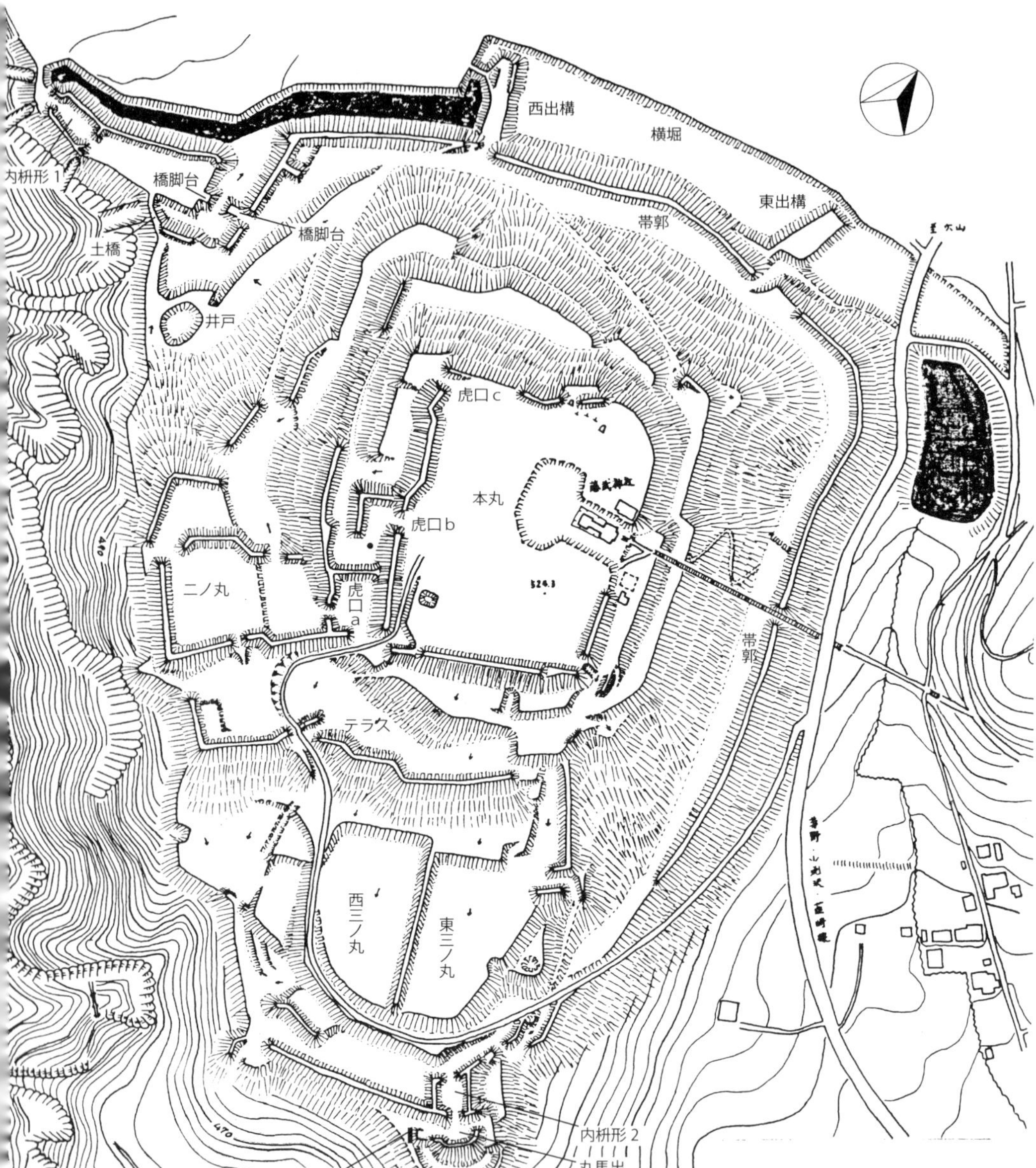

調査年月日　1981 年 5 月 3・4 日
調査作図　　齋藤 慎一

⑮新府 縄張り図

新府の巨大な横堀と出構

昇太　新府城はきれいになったなぁ。韮崎市さんありがとう。この横堀（⑯）の発掘をしているときに聞いたのは、ここは湿地で城壁に沿ったところが一番深く掘ってあるのです。で、手前側は湿地で全部水が張ってあるわけです。でも浅いんです。ジャブジャブ入って来て、城壁のところに取り付こうとして進もうとすると堀にズドンと落ちる。

中井　なるほど。壁が高いだけじゃなく、壁の縁のところが深く掘ってあるわけね。

昇太　箱堀《はこぼり》にしてあるんです。たぶん、いまは堀の口を開けているんだと思うんです。

中井　発掘でもちゃんとわかっているんだ。

――　この横堀は徳川が改修したんですか？

中井　どうよ、ねぇ～～。どこまで新府を改修するんですか。徳川は。武田氏の城って横堀をまわさないんじゃないですか。どうなんですか？

齋藤　横堀と武田ねぇ……

中井　新府を山城と捉えるかどうかという違いが出てくると思うんですけど。古宮城《ふるみやじょう》（愛知県新城市造手清岳字宮山）をどう理解するかですよ。ほんとに古宮城は武田なのか。山の周囲にあれだけ堀をまわす城は、ほかにないような気がするんです。

齋藤　出構《でがまえ》が何だかわかんないのが困るけどね。

中井　出構は一番のナゾです。

――　出構は何のために造ったの？

【新　府】
〈所在地〉韮崎市中田町中条字城山・藤井町駒井
〈アクセス〉ＪＲ中央本線 新府駅下車、徒歩約一五分

⑯整備された新府の横堀と出構

中井　鉄砲戦と説明板には書いてあるけど、鉄砲戦で何が有効なんだろうか？　それを説明して欲しいな。
昇太　まわりが湿地だったら、船着き場ってのはどう？
齋藤　いやぁ、ドロ土ですからね。
昇太　佐倉城《さくらじょう》(千葉県佐倉市)にも出構はありますよね。あれは何なんですか？
中井　麓の角馬出《かくうまだし》ですよ。
昇太　新府の出構は、北の方に橋を渡していたとか？
中井　ぼくもむかしそれを考えたんです。橋脚だと思ったんです。
齋藤　出入口に関する施設という意味でね。
中井　出構のテラス部分は引橋《ひきはし》で橋を引くところだと思ったんです。でもよく考えたら、東西に二つもいらん。横矢《よこや》にしたって、堀に対して横矢をかけても意味ないもんなぁ。
昇太　横矢だとしたら、この二つの間がもっと近くないとダメですよね。ちょっと離れすぎですよ⑰。ここは最初に占領されそうな場所ですよね。北から攻める方からすれば、とっかかりですよ。
齋藤　しかも北のほうが高くて、丸見えなんだよ。
中井　攻め手がでっかい木橋を造って、バターンと落としたら、いっぺんに渡って来れます。
齋藤　「ありがとうございます」って感じだよ。
昇太　堀の北側にはなにも防御の施設がないじゃないですか。ホントなんのためかわかん

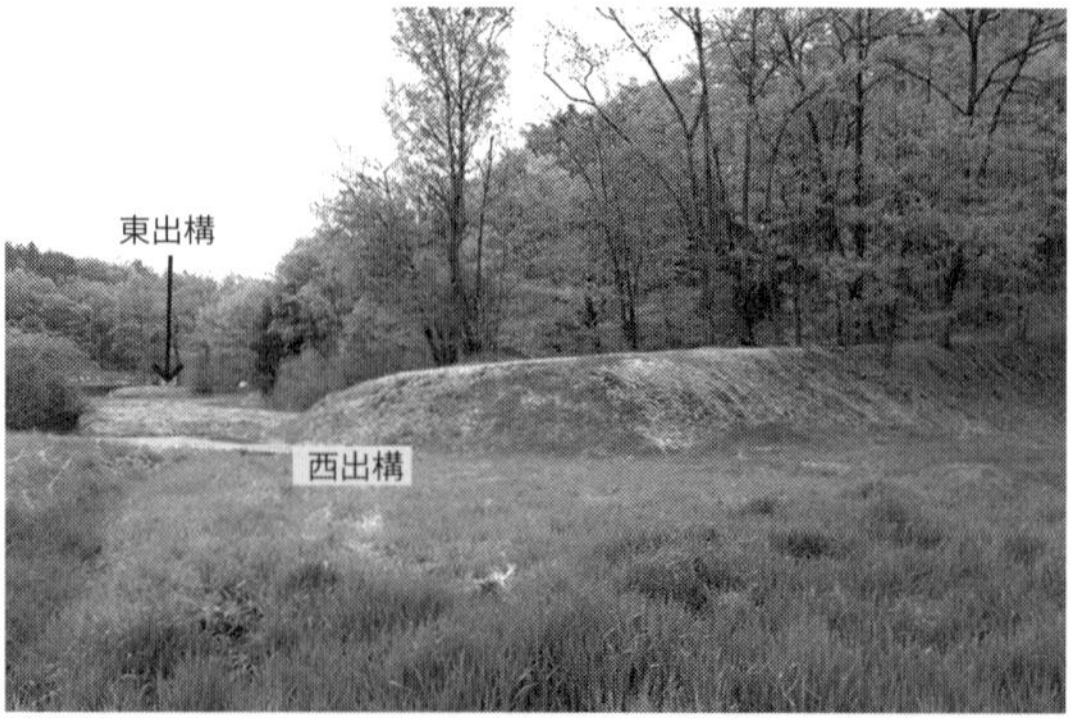

⑰遠く離れた西出構と東出構

ない。

中井　ねえ、不思議や。水位の調整とも言うけど、いまいち、ようわからんな。

齋藤　新府は北の正面観はいいんだよね。

中井　出構の意味はよくわからないにしても、横堀をまわして「見せる」というのは北の正面性はすごくあると思うんです。

齋藤　北面の壁の造り方は、近世城郭を思わせるよね。

中井　近世城郭ですよ。この壁は圧倒的な高さです⑱。

齋藤　この壁と堀を新府の裾にめぐらせているんだよ。さっきの武田氏は横堀をまわさないという話だけど、ここだけ武田と考えるには確かにちょっと違和感があるね。

中井　北の裾部分の造り方は、武田なのか、徳川なのか。

齋藤　まあどっちにしても、天正一〇年（一五八二）ですからね。滝山城《たきやまじょう》*（東京都八王子市）のデッカい横堀もすでにあった時代ですから。

（滝山城：北条氏照《うじてる》の本城で永禄《えいろく》一〇年（一五六七）頃の築城カ）

中井　そうね。堀の造り方だけを見たって、答えは出てこんね。

――　天正壬午の乱のあと、新府には手が入らないんだよね。

中井　なにもしてないですね。

北の玄関　枡形門

中井　内枡形1の門はきれいに整備してるんだ⑲。この出入口を若干ズラしている造り

⑱北面の壁の造り方

⑲整備された内枡形1

の門は、躑躅ヶ崎《つつじがさき》と同じだね。気になるのは六つの礎石⑳で、本来なら四つで良いはずなんですよ。ふつう平側（桁《けた》方向）が門の正面で屋根が見えるけど、武田氏は妻側（梁《はり》方向）を正面にするから屋根が見えないらしい。説明板もそうなっているけど、ホンマかね。

齋藤　礎石が六つでも真ん中に棟持柱《むなもちばしら》を一本立てたと考えれば、屋根を正面に流すことはできるね。

中井　四脚門《しきゃくもん》ね。屋根が正面に流れない門の造りは、京都のお寺にある唐門《からもん》*みたいなものですが、あれは特殊だと思う。でも、四脚門にしたって、ムチャクチャ高級な門ですよ。本来、城には使わんよね。

（唐門：唐破風《からはふ》で屋根を飾った四脚門）

齋藤　でもこの礎石の配置はそうだよ。

昇太　今川館《いまがわやかた》は四脚門なんでしょ㉑。

中井　今川氏は駿河の守護だから、守護館なら四脚門はアリです。

――家康の陣所で四脚門はアリ？

中井　徳川ではどうかなぁ。武田なら守護だからね。躑躅ヶ崎の内枡形にも同じスタイルの門があるから、武田でしょう。

齋藤　とすると、この造りの門は城の正面だから、北面の横堀を造ったのも武田になるな。

中井　門のカタチは納得できんけど、正面でしょうね。あの北面のデッカい横堀も武田になるのかね。そうなると、武田は横堀を使ってもおかしくないんだな。古宮城も武田かね。

齋藤　まあもう少し歩きながら考えましょう。

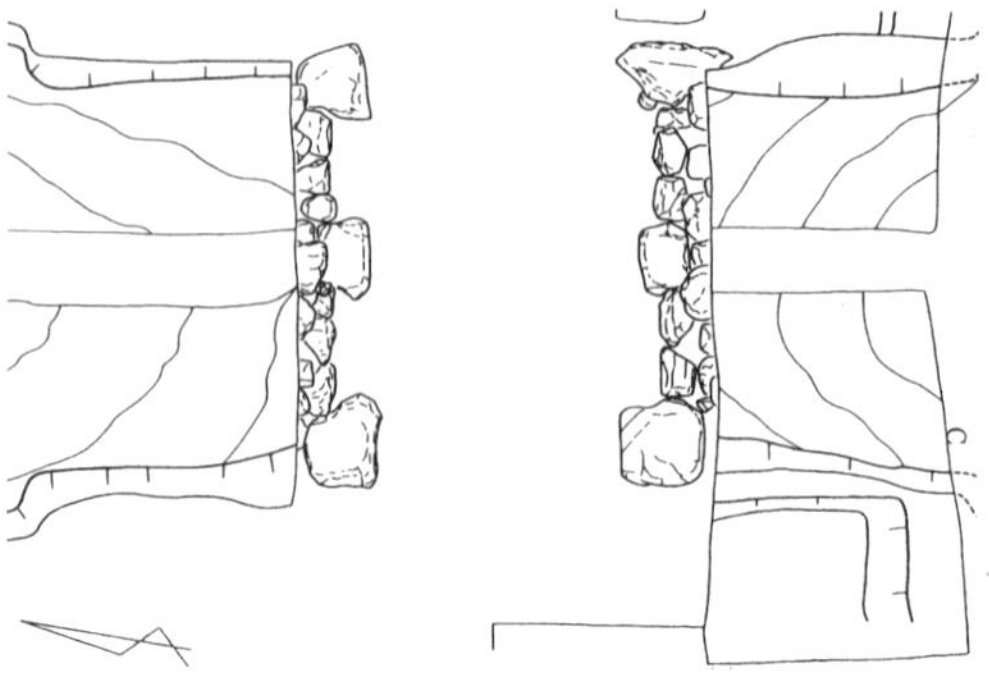

⑳門跡の礎石配置図（二之門跡）

㉑二之門跡の礎石も復元整備されている

不思議な橋脚台から本丸へ

昇太　枡形門1を出た先にある細長い道が土橋《どばし》ですね(㉒)。

中井　そう。その先から北に見えるのが橋脚台(㉓)。

昇太　どういうことだろう?　この木橋《きばし》を落としたって土橋があったら何の意味もないでしょ。土橋がなかったら、橋を架ける意味もわかるんだけど。

中井　さあ、どうする?　この木橋を落としても、土橋があるのに、なんで木橋にしたんだろう?

齋藤　むかしから、ナゾなんだよ。

昇太　まだ完成していなかった、ってことですか?　木橋を造る意味がないですよね。土橋が閉じていれば意味あるんだけど。

齋藤　土橋が閉じていればね。でも虎口の雰囲気だもんねぇ。

中井　あの土橋は新しい、近世以降に造った、ってのはどう?

齋藤　そう考えたいけど、土橋はあったんじゃないの。そんな気がするけど。ナゾだよ。

——うわっ、何このデカい穴。

㉓橋脚台

㉒土橋と橋脚台の位置

中井　井戸だそうですよ。
齋藤　すり鉢状の溜井《ためい》（㉔）。
中井　四メートルの深さを掘っても底に達しなかったって、説明板にあるね。すげーな。
齋藤　最初みたとき、この穴はなんだろうって思ったよ。
中井　日の池・月の池（群馬県の太田金山城にあるのが有名）。
齋藤　そうそう、そのイメージだよ。
中井　しかし、新府って広大すぎるね。
齋藤　いまは井戸のところから遊歩道を伝《つた》って本丸に行けるけど（図⑮参照）、本丸側の斜面が緩いじゃないですか。
昇太　坂も緩やかだから、ここにも何か欲しいですよね。
齋藤　そうそう、だからきっと、出来あがらなかったんですよ。
中井　未完成なのでしょう。
昇太　しかし広大！　二ノ丸もデカい。
齋藤　郭に虎口がないから、つまらないんだよ。仕切りがあるくらいで（㉕）。
昇太　住宅団地みたい。
齋藤　入口も平入《ひらい》りだしね。本丸に入る虎口ａ（図㉗参照）は、土塁が切れているから、通路にしているのだろうけど、なんでコの字型にする必要があるんだろうね。新しく車道を付けるとき、肝腎なところを壊しているから、よくわからなくなっているんだよ。

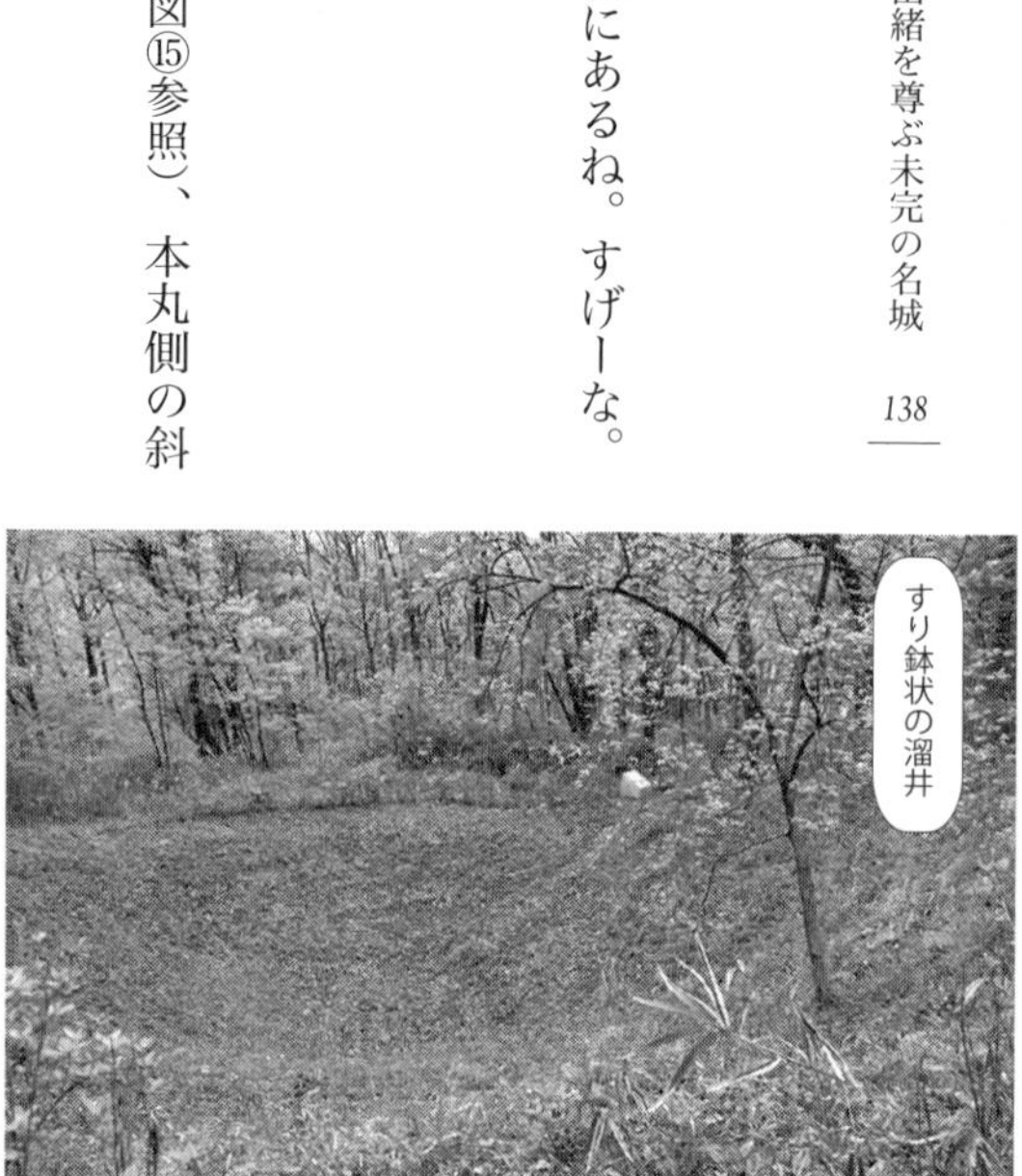

㉔井戸跡

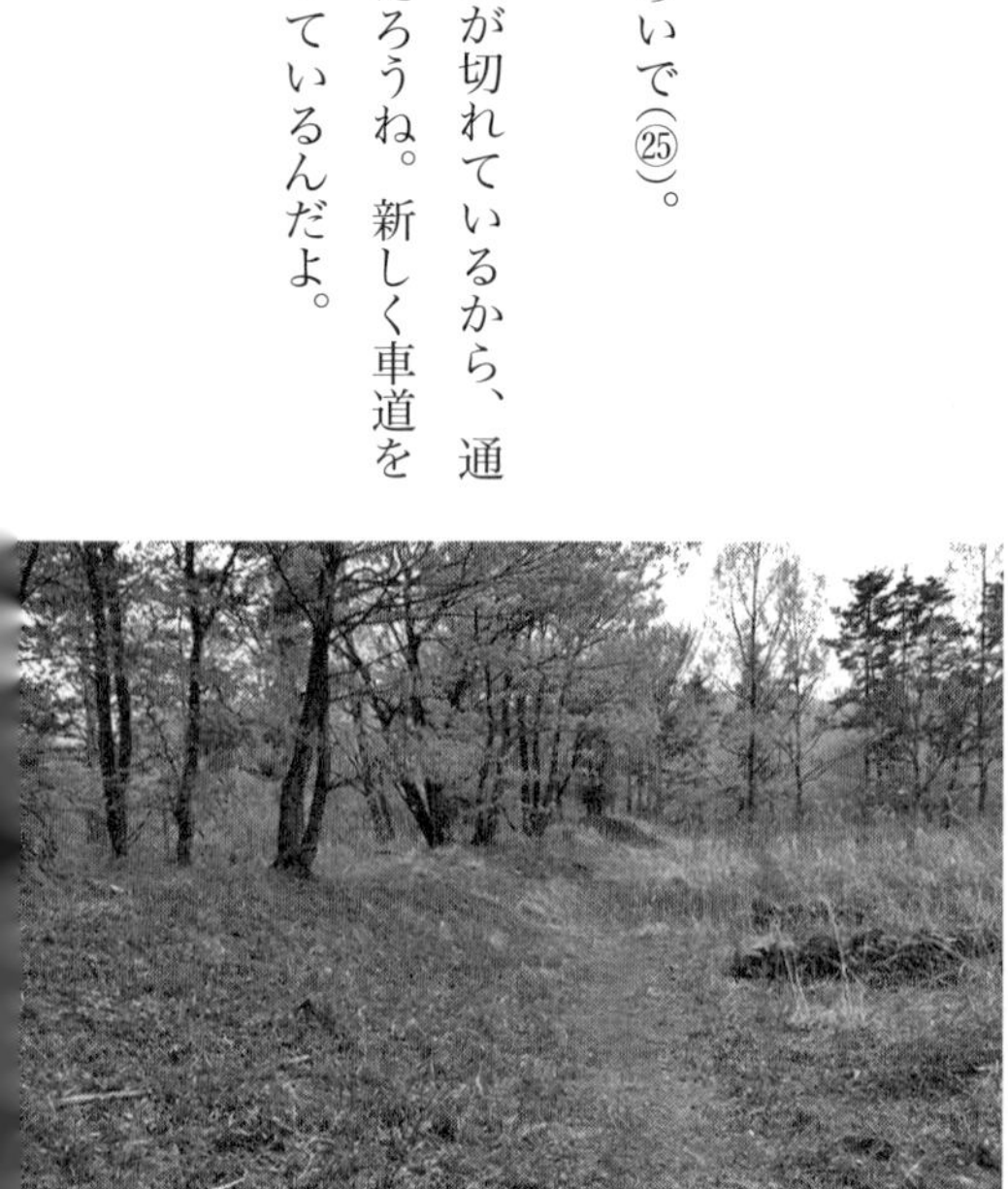
㉕二の丸の仕切り土塁

本丸の不思議な虎口

齋藤　本丸の正面が虎口ａだとは思うけど、もう一つ虎口ｂがあるんだよ。虎口ｂの出入口は階段なんだろうけど、ヤブだらけでよくわかんない㉖。〔しばしみんなそろってヤブコギ〕

中井　この虎口ｂは外枡形《そとますがた》ですね㉗。虎口ｂの突き出た土塁は、かざしの土塁でしょ。

昇太　一番おもしろそうなところなのに、ヤブでなんだかわかんない！

齋藤　もうヤブで無理だね。本丸にあがりましょう。

中井　きれいに整備したらカッコええのに。もったいない。

昇太　なんで本丸は外枡形虎口ｂと平《ひら》虎口ｃの二つに分けているんだろう？　どうして虎口が横に並んで二つあるの？

中井　虎口ｃも出入口ですよねぇ。虎口ｂはかざしを持つ外枡形になるから、何か意味があるんでしょう。でも師匠が言うように、虎口ｃがわからん。

昇太　本丸の中を塀で仕切っていたら、二つ並んでいてもわかるんだけど。

中井　本丸の中も若干の高低差があるから、中を仕切っていたのかもしれないね。仕切られていれば、虎口ｃはその出入口かな？

齋藤　仕切られているのか、本丸の空間の使い方が違うのか。ここは完成しなかった、って感じだな。

昇太　まだ工事中だったら、入りやすくしたいですよね。出来上がるまでは資材やらなん

㉖虎口ｂの外はヤブだらけ

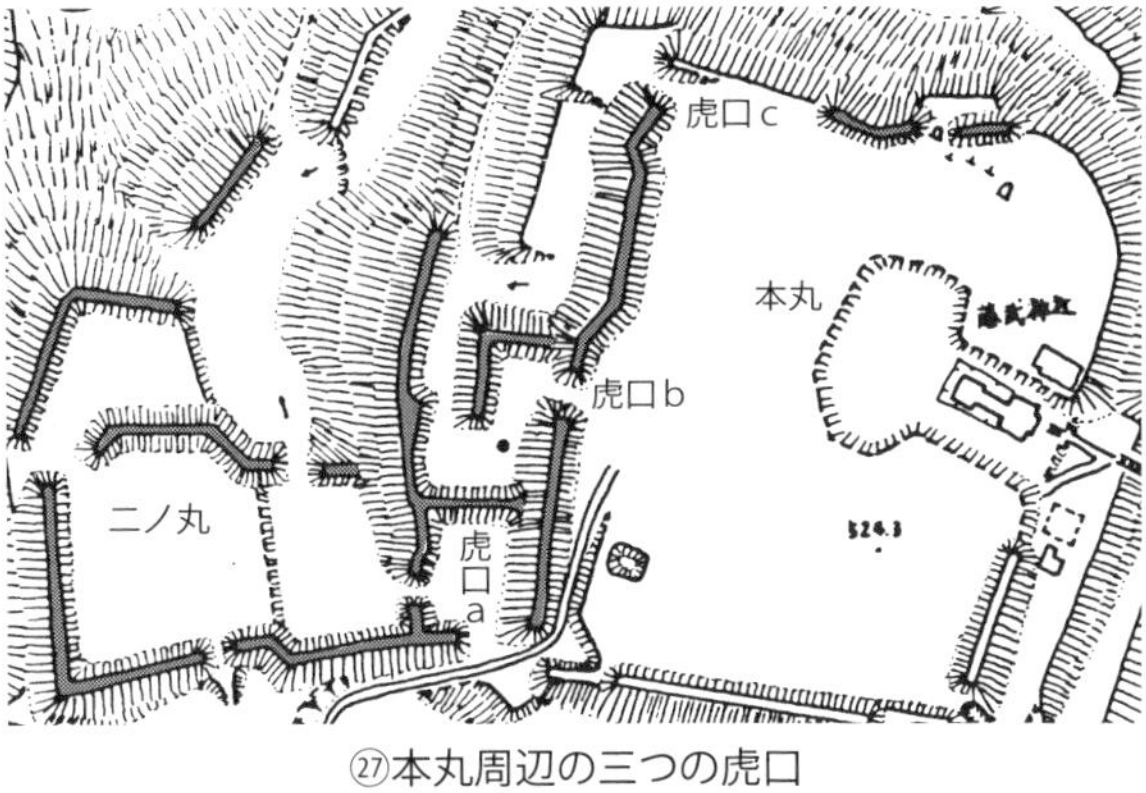

㉗本丸周辺の三つの虎口

やら運び込むだろうし、城の工事のおじさんたちにも入ってきてもらわないと困るだろうし。

齋藤　そうでしょうね。

中井　虎口ｃは工事用の通用口ね。

昇太　城を公園化するとき必ず軽トラが入る道を造っちゃうのと同じで、なんでこんな道って思うけど、まだそんな状態だった、って感じかな。

未完成な造り

齋藤　新府は、山の上に方形区画を「ボン」と置いたってことが基本なんだろうね（㉘）。

中井　方形区画にするにしても、新府のゆるい壁と、能見城のビシッとした切岸をくらべるとえらい違いやね。

齋藤　山城を造るんだったら本丸の北側は傾斜のきつい切岸にして、腰郭《こしぐるわ》を付ける処理なのに、本丸の斜面はゆるいままなんだよ。これまでの城と違って、なんてパンチの乏しい城なんだ。（一同爆笑）

中井　未完成って感じがするな。ホンマはもっとやりたかったんだろうな。本丸の土塁も途中で止まってますし。

――　おーい、会話がはずまんぞ！

中井　ちょっとね、大きすぎますわ。

齋藤　本丸の南にあるテラスも変なんだ。斜面を削って平面を造り出しているだけで。

㉘広い本丸

中井　これは郭になっとらん。城に見えんもんな。
――会話が途切れますね。
齋藤　感動がいまいち足りないわけね。
中井　大味すぎる。
昇太　未完成だって言ってしまえば、全て問題解決しちゃって、次の句が出てこない。疑問があるとみんな「未完成だからかぁ」って。
中井　「もっとやりたかったんだろうなぁ」って。
齋藤　本拠を造るときの考え方が違ったんだろうね。
中井　もう近世の城ですよ。
齋藤　とにかく本丸の四角い空間だけ、まず大きく取りたかったのはわかる。
中井　守護所《しゅごしょ》ですね。
齋藤　あとは、これから造ろうとしたんだろうね。
昇太　勝頼は切羽詰《せっぱつ》まっていたはずなのに、なんで守護所を移すなんてめんどくさいことをしたんだろう。そんなことしないで、ここに強力なお城を造って待ち構えていればよかったような気がするけど。守護所をそっくりここに持ってくることの意味がわかんない。
齋藤　そういう考え方なんだね。守護所を移す。
中井　でも、きちっとした郭をとらないままに、次にまた郭を置いているだけ。工事途中なんだな。
齋藤　三ノ丸もドーンと平たい空間を造っているけど、この真ん中の壁㉙はなんだと思

㉙三ノ丸の屋敷境

います？

中井　デカい土塁は屋敷境でしょう。

齋藤　そうでしょ。敷地を分けてますよね(30)。

昇太　三ノ丸もデカいなぁ。なんでこんな大工事をやんなきゃいけないのかな。

齋藤　やっぱり、要害山は小さかったんだね。

中井　要害山は小さかったのだろうけど、新府はデカすぎる。五万石程度の小大名の近世城郭よりデカいでしょう。

齋藤　師匠が不思議がるのもわかりますよ。城造りの考え方が違うんだね。新府は家臣の居住区まで全部、城の中に入れているでしょ。職人さんとかも入れようとしたんじゃない。

昇太　勝頼は家臣みんなを守りたかったのかなぁ。

——勝頼は良い人だね。

昇太　要害山は自分の家族や親類だけが入れる大きさだけど、家臣みんなを守る場所を新府に造った勝頼は良い人だということで、武田のみなさんには気持ちを和らげてもらって。

中井　勝頼は諏訪《すわ》氏の養子だしね。

昇太　そうか！　諏訪以外の人たちも大事にしていますよと表に出しておかないと、相手にされなくなっちゃうというのもあるのかな。「諏訪の子だから、あの子は」って言われちゃうから、「武田のことも考えていますよ」という姿勢を見せないといけなかったのかもしれない。

南北を直結する腰郭と枡形の配置

齋藤　城造りの意識として、主郭の方形区画はすごく強いじゃないですか。そのわりに北の内枡形1から本丸に上がってくるルートが北の斜面だとすると、細い山道だし、まどろっこしいんだよ。本丸の虎口aがメインだとは思うけど、途中の過程があまりにもダラッとしているから、北の斜面は歩かせないで、山裾をめぐる土塁を構えた腰郭でグルっとまわしていたかもしれないね（図㉚の破線）。

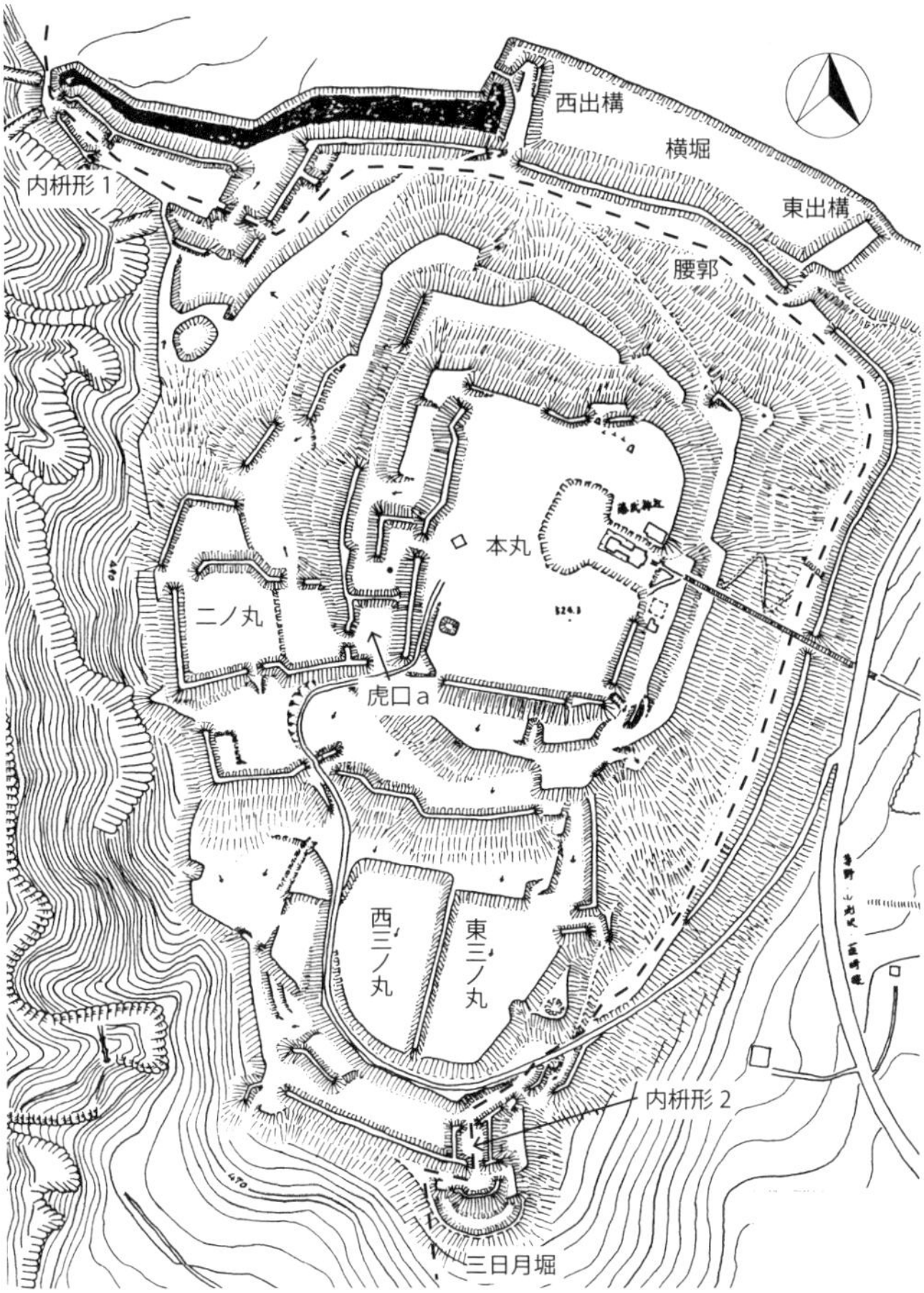

㉚腰郭を使ったルート

中井　腰郭を使うルートは歩きやすいきれいな道になるね(㉛)。北の内枡形1から入ってくるのが正規になるということですね。

齋藤　そうそう。

昇太　家臣たちの住居が三ノ丸にあるとしたら正面玄関は南の内枡形2になるのかな(㉝)。

中井　南の三日月堀《みかづきぼり》と内枡形2も出入口だけど、北からだと三ノ丸にたどり着くまで、ずっと腰郭を歩かせるということだな。

昇太　そうか、そうか。なるほどな。北から城に入って最初に出会うのは、三ノ丸にいる人たちなのか。

齋藤　それと南の内枡形2も四角い形だよ(㉜)。北と南に二つの四角い内枡形を造って、腰郭で結ぼうという意識だね。

中井　南の内枡形2は北の内枡形1と造り方も同じで、大きさは南のほうがデカいですよ。

齋藤　そうすると、やっぱり、南が大手になるのかなぁ。ただ、発掘しても礎石は出ないんですよ。

中井　掘立の建物も出てない？

齋藤　まだ確認されていないね。一ノ門と二ノ門が一直線に並ばないこの門の造り方は、躑躅ヶ崎がオリジナルだね。出入口をズラした内枡形にして、手前に小さな三日月堀を入れる。

中井　そうだね。三日月堀はこの大きさですよ。

齋藤　躑躅ヶ崎の小さな三日月堀も、武田の時代にはあったんだね。石垣だけ後から組ん

㉛幅の広い腰郭

㉜南の内枡形 2

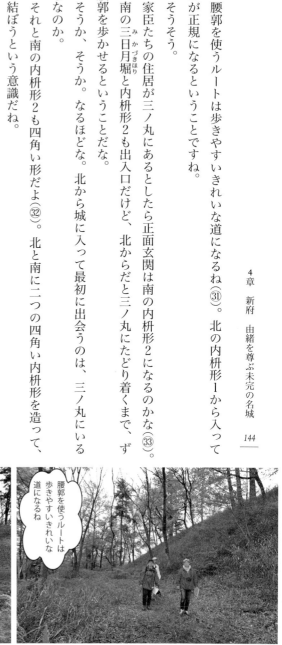

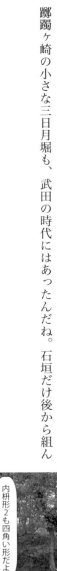

で四角に造り直したんだ。
中井　折れのない四角い内枡形で出入口をちょいとズラすのは同じだけど、土塁の高さは北の内枡形1とは全然、違うわ。この内枡形2はとにかくデカい。
齋藤　外に向けて四角い枡形門を北と南に造りたかったんだね。中井さん、この内枡形2に石を使ったのかね。一応、新府には石垣がないことになっていますが……
中井　壁面に石がポツポツありそうだけど、腰巻くらいに使ったかもしれんね。だいたい同じラインでそろってますな。おっ、石敷きの通路㉞がみつかっとる。
齋藤　南から入ってくる場所に石敷きの通路があったんでしょう。ここから右折れさせて内枡形2に入れるんだろうな。
中井　もともとの通路があったということね。石敷き通路から考えると、三日月堀の正面に道はなくて、横から入れたのかもしれん。

三日月堀

昇太　三日月堀はきれいにみえるようになったなぁ（㉟）。
齋藤　このスケールをみると、南が大手でいいのかなぁ。
中井　武田時代の大手？

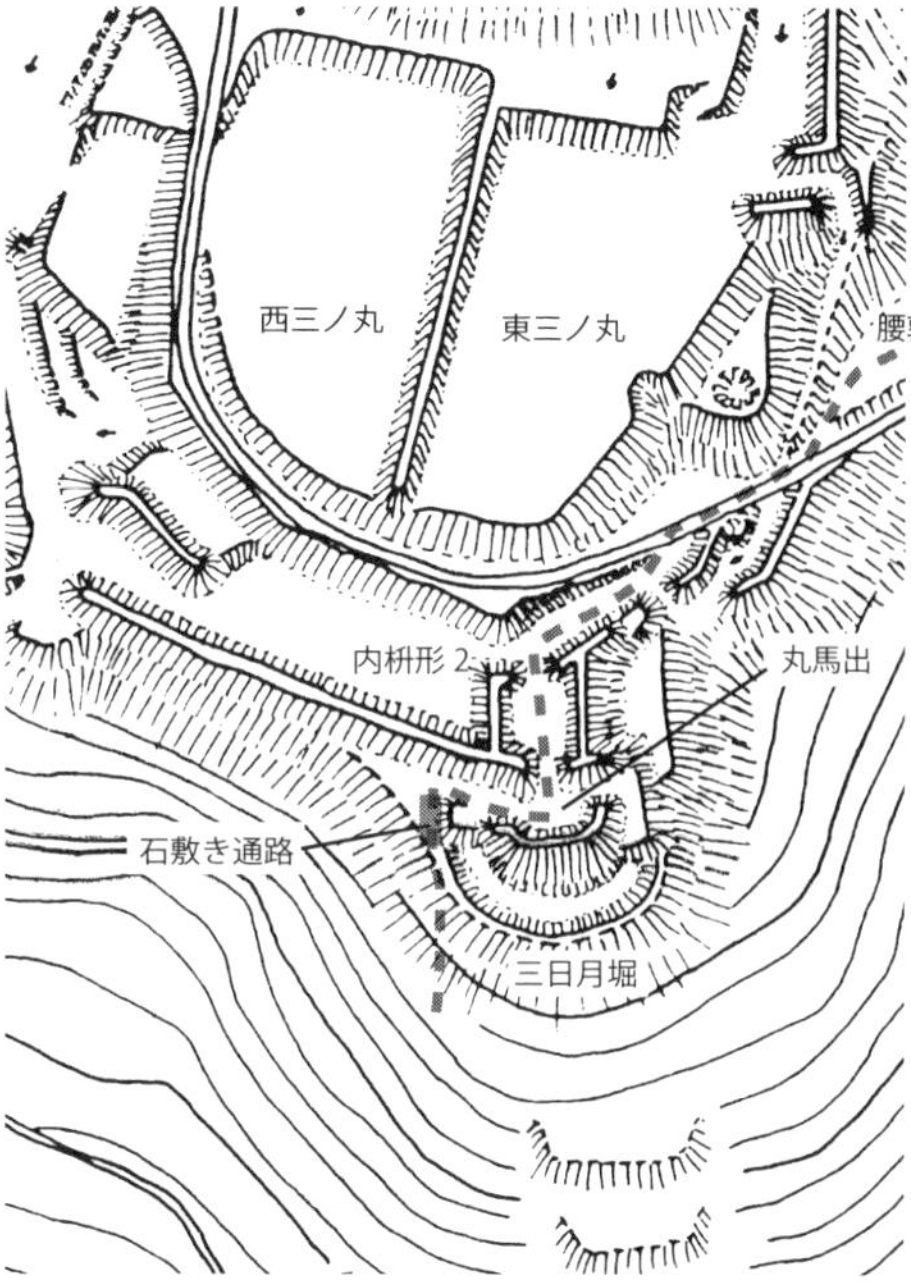

㉝南の正面、三日月堀と内枡形虎口

㉞石敷きの通路跡

齋藤　うーん、内枡形1の礎石の門は？

中井　礎石の門は武田時代の搦手《からめて》？

―　礎石の門が搦手ですか？

齋藤　わからんねぇ。この三日月堀、なんでこんなことをしたんだろう。

中井　やっぱ南が大手かなぁ。

齋藤　ねぇ……

―　これだけのものを造るんだから、正面感はたっぷりだよ。

中井　ですよね。南の方から城に近づくと、三日月堀に出くわして、サイドから上がらせるのでしょうね。

齋藤　圧倒的なスケールだね。近世だよ。

昇太　武田式近世城郭。

齋藤　南から登ってきて馬出の丸い壁が見えると、すごいと思うのかね。でも三日月堀から外に出てどこにつながるかというと、ただの斜面なんだよ(図㉝参照)。

中井　そうですね。まわりの切岸はしっかりしてるし、この高低差を登らせることが気になるね。

齋藤　全体に壁はしっかりしているんだよ。意識はやっぱり外の向けての仕かけなんだね。

―　結局、新府の正面はよくわからないってことですか？

中井　徳川の頃は北でしょ。

齋藤　北も南も甲州街道から上がっているんだよね。

㉟三日月堀

中井　基本はそうでしょう。

――出構を造ったのは徳川？　武田？

中井　内枡形1には礎石の門があって、勝頼の時代から内枡形の虎口はあったのだからね。そうすると、やっぱり、北面の出構や巨大な堀も、勝頼の頃からあったんじゃない。

齋藤　そう考えざるを得ないね。

昇太　敵が甲斐に攻め込む方角を考えたら正面は北でしょうね。

齋藤　うん。でもさ、北と南の枡形を方形区画にする意識は、勝頼の頃にあるわけだから、南の方向も正面として意識していそうだね。

中井　南の三日月堀の丸馬出は勝頼でしょう。それで甲州街道から上げる。

齋藤　それが基本でしょう。丸馬出の内枡形2に入るには、斜面をあがらせるように考えたんだろうね。あまり理にかなったやり方ではないような気がするけど。

中井　しかも石敷きの道まで造っていることを考えると、基本的にはきちんとした道を造っていたんでしょう。三日月堀の丸馬出はなくてもいいと思うけど。

昇太　せめて三日月堀は道の正面に向けたいですよね。

齋藤　あの半円形の壁が南から登ってくる人に見えることが大事だったんだろうね(36)。

新たな府を造るから「新府」

昇太　それにしても、武田家がギリギリの状態の中で築きながらも、これだけの迫力を持つ城の新府城を、武田勝頼には完成させてあげたかったなぁ。

(36)半円月の壁

齋藤　そうね。でも家康は甲斐に入っても、新府は郭の面積が広いので使いにくかったんだね。

中井　使いにくいでしょう。新府は縄張り全体を変えない限り、ちょっと使いづらいですね。家康は天正壬午の乱で新府に陣所を置いたけど、新府はいじりようがなかったのでしょう。確かに躑躅ヶ崎に戻るのは、わかるな。

昇太　「新府はちょっとやっかいだぞ」っていうことですよね。けっこう高いところにあるし、資材を運ぶのもたいへんだし、だったら「古府中」に戻るかってね。

中井　躑躅ヶ崎は改修すれば、なんとか聚楽第《じゅらくてい》になる。でもホンマに新府は使い勝手が悪い。広すぎなんだ。

齋藤　そうそう。なんで徳川氏が「古府中」、おそらくは要害山を選択したのか、よくわかったね。一番の成果だよ。

中井　いい結論じゃないですか。なぜ新府をそのまま使わなかったのかがわかった。

齋藤　勝頼は、方形区画のデッカい主郭や、北と南に四角い枡形門を使った伝統的な発想で新府を造ろうとしたこともわかったね。勝頼は基本的に方形の二重区画の城を築きたかったんだね。守護所と町そのものを移そうとしたんだけど、時代が時代だし、かつ山の上だから新府のような造りになったのかなって気がするね。やっぱり新府は、新しい「府」なんだよ。

昇太　武田勝頼は最後まで守護だという意識をずっともっていたということですね。

齋藤　でしょうね。勝頼は守護武田家の体制維持と回復を考えて、新府に移ろうとしたんだと思うよ。

中井　戦国末期に守護なんて全く力はないのだけど、権威だけは持ち続けたのでしょうね。室町幕府の将軍家といっしょですわ、滅びゆく大名も。

昇太　歴史に「もしも……」はないのはわかっているけど、武田氏の高度な築城技術で織田信長を迎え撃って、一泡吹かせる場面も見たかったです。未完の名城、新府城はそんなことを思わせてくれる城ですね。

齋藤　確かに、方形の城造りは方形館の延長で考えられて、伝統的権威を踏襲しているけど、おそらくはそれだけでないのでしょうね。江戸時代からみれば、方形の輪郭式の城館はありますから。神指城《こうざしじょう》（福島県会津若松市）・篠山城《ささやまじょう》（兵庫県篠山市）・二条城《にじょうじょう》（京都市）などね。これらに限らず、広島城や高田城（新潟県上越市）なども含めて考えると、中近世を通して、方形を基調とする城造りのなかで考えることができるのかもしれない。

中井　そうそう。方形プランは中世初頭から近世までずっと造り続けられるけど、単に方形で一緒だということではなく、馬出が設けられたり、塁線に屈曲がつけられるなど、その時代、その時代に適した方形プランになるのだと思います。特に守護の場合、当初は周囲をめぐるのは土塁や堀ではなく、築地だったと思います。しかし、戦国期になると築地では対処できなくなって、土塁や堀をめぐらせたのでしょう。つまり権威よりも軍事を優先せざるを得なかったんでしょうね。

齋藤　そうなると新府城は権威だけでなく、新しい城造りを模索していたと考えるのがいいのでしょうね。この点はこれからの課題ですね。

図版出典一覧

1章 躑躅ヶ崎

①躑躅ヶ崎の縄張り図／佐々木満「甲斐武田氏の本拠」『中世城館の考古学』高志書院（部分拡大図も同じ）
⑤発掘された馬出の変遷図／佐々木満「甲斐武田氏の本拠」『中世城館の考古学』高志書院
㉘内枡形2でみつかった門礎石の遺構／佐々木満「甲斐武田氏の本拠」『中世城館の考古学』高志書院
㉛西曲輪でみつかった階段跡と浅野家の絵図／二〇一七年一一月五日「国指定史跡武田氏館跡 発掘調査現地見学会資料」
㉝躑躅ヶ崎測量図／甲府市発行
㊳一五世紀代の角馬出／押山雄三「中世後期の館と『北の町』荒井猫田遺跡の発掘調査2」『中世の宿と町』高志書院
㊵小田城の主郭と信田郭／広瀬季一郎「南北朝・室町期の城館」『中世城館の考古学』高志書院

2章 要害山

①要害山の縄張り図／本田昇『全国城郭縄張図集成―阿波を中心とした中世城郭研究論集―』岩田書院（部分拡大図も同じ）
㉕本田図にはないテラスの位置／『山梨県史 資料編7』、作図：千田嘉博
㊻賎機山（静岡市：静岡古城研究会）／静岡古城研究会「賎機山城縄張図」『静岡県の城跡』中世城郭縄張図集成（中部駿河国版）

4章 新府

①能見城測量図／韮崎市教育委員会他『能見城跡』送電線鉄塔建設に伴う埋蔵文化財発掘調査報

告書

⑪浅野文庫の絵図に描かれた能見城(部分)／『浅野文庫蔵諸国古城之図』新人物往来社

⑳門跡の礎石配置図(二之門跡)／佐々木満「甲斐武田氏の本拠」『中世城館の考古学』高志書院

㉒土橋と橋脚台の位置／佐々木満「甲斐武田氏の本拠」『中世城館の考古学』高志書院

あとがき

最近のお城ブームで、いっぱいお城の本は出ているし、市民向けの講演会などもたくさんあって、お城にふれる機会がふえてきました。でもほとんどの場合、たとえば戦国大名武田氏の歴史を語りながら、その中にお城がチョロっと顔を出すだけです。武田信玄の戦略にこの城がどう使われたのかなんて話になると、ストーリーもあるからおもしろいし、知っている人物やお城が登場すれば、なおさら、わかりやすいし親しみもわきます。

でも、そのお城の見方は、ほうとうですか？　と思うことが正直、多々あります。なので歴史の研究に携わる中井・齋藤の二人で「城の見方・歩き方」がわかるように、前の対談集『歴史家の城歩き』（高志書院）を編んだのでした。ただ、専門的な話題に深入りしましたので、一般の読者からは「話がむずかしすぎるよ」という声がたくさん寄せられました。

そこで今回は、春風亭昇太さんをまじえて、一般の方にもお城歩きのおもしろさが伝わるようにと、旅に出かけることにしたのです。旅先は誰もが知っている武田氏の故郷です。題して『歴史家と噺家の城歩き　戦国大名武田氏を訪ねて』。けれど、「武田氏の城とは、こうだ！」なんていう答えは全く用意していません。わずか四つの城を歩いただけですし、たとえたくさんのお城めぐりをしても、「武田氏の城」といったことを歴史の実像として描けるのかどうか、わからないからです。これからの課題にさせてください。

今度のお城旅で、ぼくたちが話題にしたのは、そうではなくて、虎口はどこ？　城の正面（大手）はどっちを向いている？　ここになんで堀があるの？　石垣にどんな石を使っている？　この城の道はどこにつながっている？　これ改修じゃないの？　ってことのくりかえしでした。

とっても地味ですし、歴史のダイナミックなストーリーをひとまず置いて、ひたすら「戦国の人たちは、お城のどこを歩いたか」ってことに、こだわって歩いているのです。お城のルートを再現しようと悪戦苦闘している三人の姿が目立ちますが、それは、誰しも納得するようなルートをみつけることができたなら、お城がつくられた背景や、城主が誰なのかといった、歴史のナゾを解くカギが初めて手に入るからです。武田氏の歴史をお城で語るには、このカギが必須アイテムになります。だからこだわるのです。

歴史ありきでお城をあてはめる歩き方では、お城のことは何もわかりません。本書では当時の人たちの目線でお城を歩くには、どうすればよいのかを実践しましたので、ぜひお近くのお城で試してみてください。そして自分の目でカギをみつけましょう。

読者が期待するような武田氏の本にはなっていないかもしれませんが、お城の現地に立って意見を交わしていると、新しい発見にいくつも出会うことができました。これからの検証は必要ですけど、「歴史の真実に近づいたな！」と気づかされたときの爽快感と興奮、こんな楽しい企画、またどこかで続けたいと思っています。

中井　均・齋藤慎一

【著者略歴】
中井　均（なかい ひとし）
1955年大阪府生れ
滋賀県立大学人間文化学部教授
専攻：中世考古学
〔主な著書論文〕
『中世城館の考古学』（編著・高志書院）、「残存遺構から見た丸子城の築城主体」（『戦国武将と城』サンライズ出版）、「大坂城の縄張り」（『秀吉と大坂』和泉書院）

春風亭昇太（しゅんぷうてい しょうた）
1959年静岡県生れ
東海大学 文学部 史学科 日本史課程入学。中退後、春風亭柳昇に入門。
公益社団法人 落語芸術協会理事
中学生の頃から中世城郭に目覚め、現在は仕事で全国に呼ばれるのをいいことに、その交通費を使って城めぐりの日々を送る。著書『城歩きのススメ』（小学館）

齋藤 慎一（さいとう しんいち）
1961年東京都生れ
公益財団法人東京都歴史文化財団 江戸東京博物館 学芸員
専攻：文献史学（中世史）
〔主な著書〕
『中世東国の道と城館』（東京大学出版会）、『戦国時代の終焉』（中公新書）、『中世を道から読む』（講談社現代新書）、『中世武士の城』（吉川弘文館）、『中世東国の領域と城館』（吉川弘文館）、『城館と中世史料—機能論の探求』（編著・高志書院）

歴史家と噺家の城歩き－戦国大名武田氏を訪ねて－

2018年12月10日第1刷発行

著　者　中井　均・春風亭昇太・齋藤慎一
発行者　濱　久年
発行所　高志書院

〒101-0051 東京都千代田区神田神保町2-28-201
TEL03(5275)5591　FAX03(5275)5592
振替口座　00140-5-170436
http://www.koshi-s.jp

印刷・製本／亜細亜印刷株式会社 カバー装丁：Bow Wow
ISBN978-4-86215-187-2